새.로.운 조.선.을 위.하.여

17세기 조선 지식인 지도

새.로.운 조.선.을 위.하.여

17세기 조선
지식인 지도

－이경구 지음

푸른역사

책을 내면서

필자는 언젠가 텔레비전에서 상상력을 자극하는 쇼들을 본 적이 있었다. 그중 가장 인상적이었던 쇼는 처음엔 평범하게 시작했다. 길쭉한 통 속에 사람이 들어가고 마술사가 이곳저곳을 톱질하는 지극히 익숙한 마술. 관객이 허탈할 무렵, 마술사는 '상식을 깨는 쇼'의 진면목을 발휘했다. 이제부터가 진짜라는 신호를 보내며 마술사는 통을 덮은 불투명한 장막을 걷어내고 똑같은 행동을 반복해 버린 것이다. 투명한 유리통을 통해 트릭을 관찰하게 된 관객은 한 순간에 마술사의 포로에서 벗어나 유쾌하게 마술을 지배하게 되었다.

대중에게 역사를 소개하는 이들은, 관객을 지배하려는 마술사의 유혹에 왕왕 빠질지도 모른다고 생각하곤 했다. 찬란했던 과거, 흥미로운 소재를 소개하거나 빠져나갈 구멍 없는 해석을 제시하는 식의 서술은 계몽과 각성의 효과는 있겠지만, 결론이 나오기까지의 과정을 투명하게 지켜보며 비판적 안목을 기를 기회를 실종시켜 버릴 수 있다. 마술사가 관객에게 지배의 계기를 배려할 수 있듯이, 대중을 위한 역사서 가운데는 함께 호흡하는 친절함을 갖춘 부류도 있어야 하지 않을까. 그 같은 역사서는 잘 만든 요리를 제공하기보다는, 재료를 요리해서 식탁에 올리기까지의 과정을 보여줌이 미덕美德일 것이다.

사료史料를 분석하고 실증에 주력하는 역사가에게 미려하고 친절한 설명이란 동경을 품고 바라보지만 발을 내딛기엔 두렵기만한 영역이다. 적어도 필자에겐 그랬다. 과정을 보여준다는 애초 의도는 막상 서술에 들어가자 그저 신기루처럼 아득했기 때문이었다. 각 편 말미에 '조선 지식인의 키워드'란 글을 덧붙인 것은 그 부족함을 조금이라도 메우기 위해서였다. 서술 의도를 밝히다보니 서론이 조금 길어졌다.

17세기는 동아시아 질서의 재편과 함께 막이 올랐다. 지는 명나라와 뜨는 후금, 오랜 내전을 끝내고 도쿠가와 막부 체제를 수립한 일본. 임진왜란을 겪은 조선 또한 제2의 창업이냐 아니냐의 기로에 서 있었다. 광해군정권은 비교적 빠르게 내·외정의 안정 기조를 이루었으나 무리한 정책 추진 등으로 결국 몰락했다.

인조반정으로 성립한 인조정권은 사림士林의 정통을 계승했다고 자부한 서인과 남인의 연합정권이었다. 그들은 16세기 이래 성장해 온 사림의 정치 이상理想을 전면에 내세웠으나, 그 정책들이 미처 착근되기 전에 병자호란에서 패배했고 청나라와 사대事大관계를 맺었다. 뒤이어 유교문화의 정통이라고 생각했던 명나라가 멸망했다. 200여 년을 지속했던 국제 질서는 17세기 전반前半에 그렇게 마감되고 있었다.

구질서가 마감되고 신질서가 성립하는 시기를 살았던 17세기 지식인의 생각과 마음을 열어볼 수 있는 열쇠를 굳이 하나 들라면 필자는 절박함을 느끼지 않을 수 없는 상황과 사회 질서 재건의 의무감을 꼽겠다. 오랑캐 곧 유교문화의 정통이 아닌 청나라가 종주가 되어버린 전도顚倒된 질서 속에서 조선의 존재 이유, 유교문화의 실현 방도를 재구성하는 작업은 선택이 아닌 당위當爲의 문제였다. 그것은 왕조의 생명을 되살리는 작업이면서 사대부 개개인의 존재감을 확인하는 과정이기도 했다.

위대했던 선배 지성들, 서경덕·이황·조식·이이·성혼 등은 성리학을 체화體化했고 주희朱熹의 학문을 주류의 반열에 올려놓았다. 그렇지만 여전히 학문의 범주였다. 그러나 17세기 이후는 상황이 달라졌다. 절박함과 의무감 속에 지식인들은 여유로운 탐구의 길보다는 치열한 논쟁과 검증의 길을 걸었다. 그들은 국가 존립의 근거, 사회 재건의 방향과 구체적 정책, 사대부 개개인의 삶의 의미 등을 '학자가 탐구해야 할 문제를 넘어 실천으로 실현해야 할 과제'로 보았다.

따라서 학문은 학문을 넘어 사회와 개인을 두루 규정하는 지침을 제공하는 이데올로기가 되지 않을 수 없었다. 당시 조선의 지식인들은 명나라가 망한 원인으로 양명학의 흥기를 들곤 했다. 잘못된 사상이 국망을 초래한다는 생각이 자연스러운 시대였기에 바른 사상의 수립이야말로 재건을 위한 일차 출발선이었다. 우리 역사상 그와 유사한 시기를 찾으려면 해방 이후의 남·북한 반세기가 아닐까. 남한의 반공 이데올로기 형성과 수십 년에 걸쳤던 규정력, 북한에서 벌어졌던 사상 투쟁과 주체사상의 성립 과정. 아직도 맹위를 떨치는 이데올로기를 보면 사상의 순·역기능에 대한 감회가 퍽 새롭다.

17세기 지식인들이 선택한 귀결처는 결과적으로 본다면 주희의 사상, 즉 주자학朱子學이었다. 그러나 주자학이 국가 재건의 이데올로기로서 확고부동한 권위를 획득하기까지는 수많은 과정과 논쟁을 거쳐야 했다. 주희의 사상을 어떻게 교육하고 해석하고 보편적으로 만들 것인가, 그 사상의 어떤 점을 어디까지 어떻게 '관철'할 것인가 하는 물음이었다. 그 점에서 17세기의 지성계는 나름의 독특함을 간직했다.

16세기 중후반에 형성되고 세워졌던 학파學派와 서원書院은 지식인들의 담론의 원천이자 인적人的 결합을 배태하는 토양이었다. 스승의 훈도와 독서, 강학講學은 교육 과정이면서, 동학同學과 동지同志를 양성하는 네트워크 형성의 장이었다. 그 점에서 학파는 정파의 모태가 되었거나 최소한 정파와 긴밀한 관계였다고 할 수 있다. 정파政派 없는 시대는 없었지만, 17세기에는 이념을 매개로 한 정파 즉 '붕당朋黨'이 전성기를 구가했다. 학파의 수장이 누린 정치, 사회적 영향력이 막강해졌음도 물론이었다.

주자학 관철의 폭과 깊이를 둘러싸고는 치열한 논쟁이 벌어졌다. 주자의 의리 정신을 강조하여 조선의 정체성을 찾는 방도, 예禮의 올바른 적용을 두고 벌어진 논쟁[禮訟] 등이 국시國是 설정과 사회 재건이라는 거시 목표를 둘러싸고 벌어졌다. 주자 저술의 구체적 해석과 적용을 둘러싼 논쟁은 미시 이론을 정밀하게 다듬는 과정에서 전개되었다. 논쟁이 없던 시절 또한 없었지만, 당시의 학문 논쟁은 정치, 사회적 파장이 지대했다. 예에 대한 해석을 두고 정권의 향배가 결정되거나, 사상 논쟁이 격화되어 이단 시비로 확대되는 과정은 이전에 볼 수 없었던 장면이었다.

　한편 주자의 학문을 폭넓게 해석하거나, 유학의 또 다른 정신을 강조하는 흐름도 면면히 이어지고 있었다. 주자의 정신을 자구字句 그대로가 아니라 그 정수精髓를 재해석하는 데서 찾았던 이가 있는가 하면, 그의 근본정신을 의리 실현보다는 안민安民의 실현에서 찾는 부류도 있었다. 고대 유학의 제도와 사상을 중시하는 고학파古學派가 있는가 하면, 이단시되던 양명학이나 도교, 불교에 관심을 기울이는 인사 또한 없지 않았다. 그 영역에 있었던 인사들은 주자 해석의 또 다른 가능성을 개척하거나 대안의 길을 모색하고 있었다. 주류의 위치에는 서지 못했기에 자칫 빈약해 보일 수 있으나, 그들의 존재 덕분에 우리는 당시 지식인의 고민을 더욱 입체적으로 그려볼 수 있다.

　17세기가 후반으로 접어들수록 지식인들은 미묘한 변화의 기운을 감지하고 있었다. 청나라 중심의 국제 질서는 공고해졌고, 양난의 피해를 극복한 조선에선 사회 활력과 문물 흥기가 일어나고 있었다. 그 기운은 유교문화를 수호해야 한다는 지식인의 강한 의무감을 완화시켰다. 이제 지식인들은 건설을 위한 학문보다는 학문 본연의 저력에 기댈 여유를 갖게 되었는지도 모르겠다. 그렇다고 긍정적 경향만이 있지도 않았다. 활력 저편에서 자라나는 서울 중심화라는 흐름은 지방 지식인의 소외와 자괴함을 점점 피어오르게 했다. 17세기 후반부터 감지되었던 그 현상이 뚜렷해진 시기는 18세기 이후였다. 따라서 우리는 17세기를 마감하는 지식인에 대해서는 그 현상을 의식하며 살피지 않을 수 없다.

이 책은 이상의 흐름을 대표하는 인물을 선정하여 서술했다. 그들은 학파를 이끌었던 산림山林, 안민을 중시한 관료, 유·불·선의 통합을 꿈꾼 문학가, 주자의 의리관에 투철했거나 다른 입장에서 수정 가능성을 비친 사상가, 고대의 이상 사회를 염원한 처사, 서울과 지방의 격차를 보여주는 지방 학자, 긴장의 이완기를 고민하여 새로운 정치, 사회 질서를 모색한 인물들이다.

대상이 된 인물들의 삶의 궤적은 달랐지만 굳이 공통점을 찾는다면 모두가 학자, 정치가이자 문학가였다는 점일 것이다. 그들이 남긴 저서는 방대하며 사고는 심오하고 문장은 아름답다. 짧은 책에 그들 사고의 정수를 담기란 애초부터 불가능했고, 필자의 능력을 보면 더욱 천부당만부당千不當萬不當이다. 다만 그들이 처했던 역사적 상황과 그 속에서의 고민을 담아보는 일은 조금이나마 가능하지 않을까하고 시작했었다. 그들 삶의 유의미한 편린片鱗이 2~3세기를 떨어져 있는 우리의 가치관에 조금이나마 자양분이 된다면 필자로서는 그만한 보람은 없을 듯하다.

이 책을 쓰는 데는 세 가지의 큰 도움이 있었다. 하나는 직간접으로 가르침을 주신 선생님들과 동학들의 연구다. 책에는 그들의 성과를 적극 혹은 비판적으로 대입한 부분이 상당수이다. 그들에게 감사드린다. 다만 설명을 돕고자 주석, 사진, '조선 지식인의 키워드'를 첨부했기에 또다시 전거를 밝히는 일은 독자에겐 매우 번거로우리라 생각했다. 집필에 도움 받은 연구는 책 말미에 참고로 별첨했다. 이 점 연구자들께

널리 양해를 구한다.

또 하나의 도움은 몇몇 대학에서 행한 한국사 강의였다. 특히 '한국의 역사의식'과 조선시대 관련 강의 경험은 큰 자산이었다. 한국사에 대한 기대감으로 적극 참여했던 학생, 비판적이었던 학생, 따분해하거나 핸드폰으로 문자 날리던 학생, 드러내놓고 졸던 학생들이 책을 쓸 때는 모두 엄하게 질책하는 선생처럼 느껴졌다. 그들 모두에게도 감사 드린다.

마지막으로 이 책은 푸른역사 박혜숙 사장님과 백승종 선생님의 격려와 지원이 없었으면 빛을 보기 힘들었다. 유례없는 출판계 불황에도 꿋꿋하게 책을 펴내시는 두 분에게 감사의 마음을 전한다.

2009년 1월
이경구

차례

산림山林의 시대를 열다

김장생金長生과 김집金集 부자

김장생

자字 희원希元, 호號 사계沙溪, 본관本貫 광산光山

1548(명종 3) 서울에서 태어남. 1560(명종 15) 13세 송익필宋翼弼에게 배움. 1567(명종 22) 20세 이 이李珥에게 배움. 1580(선조 13) 33세 성혼成渾을 배알함. 1583(선조 16) 36세 《상례비요喪禮備要》 완성. 1584(선조 17) 37세 순릉참봉 제수 이후 지방관 등을 역임함. 1599(선조 32) 52세 《가례집람家 禮輯覽》 완성. 1613(광해군 5) 66세 서제庶弟 김경손 등이 계축옥사에 관련되어 죽임을 당함. 1623(인 조 원년) 76세 인조반정 후 공신 이귀 등에게 편지를 보내 8조의 급무를 말함. 인조를 만남. 1624(인조 2) 77세 이괄의 난으로 피신한 인조를 공주에서 맞이함. '정원군(원종) 추숭'을 반대하기 시작함. 훗날 이에 대한 저술을 묶은 《전례문답典禮問答》 완성. 1627(인조 5) 80세 정묘호란 때 의병을 규합하고 세 자를 공주에서 맞이함. 1631(인조 9) 84세 별세. 1717(숙종 43) 문묘에 종사됨.

김집

자字 사강士剛, 호號 신독재愼獨齋, 본관本貫 광산光山

1574(선조 7) 서울에서 태어남. 1623(인조 원년) 50세 학행으로 6품관에 등용됨. 1627(인조 5) 54세 정묘호란 때 양호호소사兩湖號召使 제수 1649(효종 즉위년) 76세 《고금상례이동의古今喪禮異同議》를 올림. 1650(효종 원년) 77세 김상헌 등과 함께 대동법을 반대함. 산당山黨이 형성됨. 1656(효종 7) 83 세 별세 1883(고종 20) 문묘에 종사됨.

1623년, 인조반정仁祖反正이 성공해 새 정권이 들어섰다. 인조가 등극하고, 정부는 서인西人 위주로 구성되었다. 하지만 어수선한 민심을 수습하기란 쉽지 않았다. 반정에 참여하지 않았지만 백성의 신임이 두터웠던 남인南人 이원익을 영의정에 전격 발탁한 것도 민심 수습을 위해서였다. 그럼에도 인재에 대한 갈증은 가시지 않았다. 그즈음 공신들에겐 한 노학자老學者의 편지가 전해졌다. 이를 본 공신들은 크게 기뻐하며 인조에게 그 편지를 올렸다. 편지를 읽은 인조의 입에서도 찬탄이 흘러나왔다.

편지는, 공심公心으로 반정을 매듭짓지 못한다면 후세 사람들이 '사사로운 부귀 때문에 반정을 도모했다' 라고 비평할 것이라는 경계부터 시작했다. 이어 시급히 해결해야 할 여덟 가지의 정책이 제시되었다. 그 핵심은 과도하고 무단적인 세금 제도를 시급히 개정하고, 광해군을 비롯한 이전 권력층을 공정하게 처벌하라는 것이었다. 세금 개정은 개인의 영달과 부귀를 포기할 때 가능하고, 공정한 처벌은 사사로운 원한을 버릴 때 가능하다. 결국 반정의 초심을 되새기라는 따끔한 충고인 셈이다.

이 편지는 새 정권의 핵심인 김류·이귀·장유·최명길에게 김장생金長生이 보낸 것이었다. 당시 김장생의 나이 76세. 그는 서인의 대학자 이이·송익필·성혼의 수제자였다. 인조반정의 주류는 서인이었고 공신들은 대개 그의 동학·후배·제자였기에, 비록 재야 선비이지만 새 정권에서 그가 지닌 위상은 막대했다. 그의 편지 한 장이 미친 파장이야말로 선비의 공론公論이 정국을 움직이는 한 동력이 될 수 있음을 상징적으로 보여준다. 조정에서도 새로운 관직을 만들어 신망받는 학자를 안배하기 시작했다. 과거科擧를 통하지 않고 학문과 덕행으로 등용된 이들, 이른바 산림山林의 본격적인 등장이었다.

산림은 공자의 학문 곧 도통道統을 잇고, 세도世道(세상의 도리)를 실현하는 인물로 간주되었다. 적어도 학문이나 사상 방면에서는 국왕조차 압도하는 권위가 있었다. 새 정권의 대표적인 구호가 '산림을 받들어 중용하자[崇用山林]'일 정도였다. 산림의 중용은 유학의 이상을 실현하려 했던 조선 정치의 또 하나의 분수령이었다.

김장생과 그의 아들 김집金集, 제자 송시열과 송준길은 모두 서인 산림으로, 17세기 조선의 정계와 학계에 막강한 영향력을 발휘했다. 신라부터 조선까지의 수많은 유학자 가운데 단 18명만이 배향된 문묘文廟에 그들이 모두 올라있음은 그 학파의 영향력을 잘 보여준다. 산림은 이전에도 있었지만, 산림정치의 본격화는 인조대에 이루어졌으며 그 선두에 김장생이 있었다.

노둔한 학인, 3인의 스승에게 배우다

김장생은 1548년(명종 3)에 서울에서 태어났다. 부친은 예조참판까지 지냈던 김계휘金繼輝였고 모친은 우참찬을 지낸 신영申瑛의 딸이었다. 김장생의 유년, 청년 시절은 훈구에서 사림으로 집권세력의 교체기였다. 신진세력인 사림은 대개 지방 출신으로 알려져 있으나 꼭 그

〈문묘향사배열도〉(19세기, 성균관대학교박물관 소장). 문묘는 공자의 신위를 모신 사당이다. 여기에 종사되면 공자의 도통을 이었음을 국가에서 인정하는 것이기에 유학자로선 가장 큰 영광이었다. 문묘 종사는 학파와 정파의 위상과 관련해 커다란 논의를 야기하곤 했다.

윤 휴   유형원   이현일   남구만   김창협·김창흡

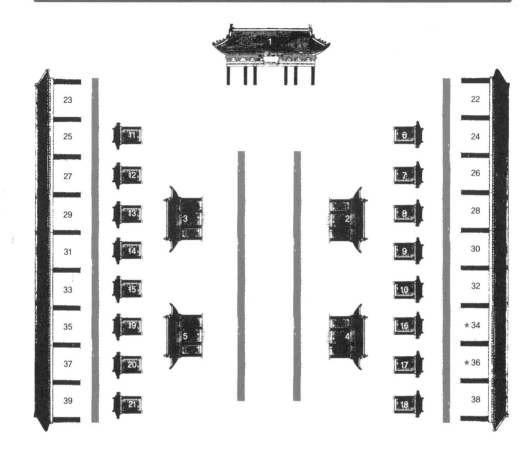

성균관 대성전 선성선현위패 봉안위차도

1. 대성지성 문선왕大成至聖 文宣王
2. 연국복성공 안자兗國復聖公 顔子
3. 성국종성공 증자郕國宗聖公 曾子
4. 추국아성공 맹자鄒國亞聖公 孟子
5. 기국술성공자사沂國述聖公 子思
6. 비공 민손費公 閔損
7. 설공 염옹薛公 冉雍
8. 시공 단목사郕公 端木賜
9. 위공 중유衛公 仲由
10. 위공 복상魏公 卜商
11. 운공 염경鄆公 冉耕
12. 제공 신여齊公 宰子
13. 서공 염구徐公 冉求

14. 오공 언언吳公 言偃
15. 영천공 전손사潁川侯 顓孫師
16. 도국공 주돈이道國公 周敦
17. 낙국공 정이洛國公 程
18. 미백 장재郿伯 張載
19. 예국공 정호豫國公 程顥
20. 신안백 소옹新安伯 邵雍
21. 휘국공 주희徽國公 朱熹
22. 홍유후 설총 弘儒侯 薛聰
23. 문창후 최치원文昌侯 崔致遠
24. 문성공 안유文成公 安裕
25. 문충공 정몽주文忠公 鄭夢周
26. 문경공 김굉필文敬公 金宏弼

27. 문헌공 정여창文獻公 鄭汝昌
28. 문정공 조광조文正公 趙光祖
29. 문원공 이언적文元公 李彦迪
30. 문순공 이황文純公 李滉
31. 문정공 김인후文正公 金麟厚
32. 문성공 이이文成公 李珥
33. 문간공 성혼文簡公 成渾
34. 문원공 김장생文元公 金長生
35. 문렬공 조헌文烈公 趙憲
36. 문경공 김집文敬公 金集
37. 문정공 송시열文正公 宋時烈
38. 문정공 송준길文正公 宋浚吉
39. 문순공 박세채文純公 朴世采

런 것만도 아니었다. 사림이 추구했던 성리학의 이상을 중앙의 신진 인사들이 앞장서 주장한 경우도 많았다. 곧 훈구 집안 출신 가운데 사림이 된 이들도 많았다. 김장생의 5대조 김국광은 세조의 즉위를 도운 공신으로 성종대에 좌의정까지 역임했으며 광산부원군에 봉해진 대표적인 훈구 재상이었다. 그의 후손은 김장생의 부친 김계휘대에 이르러 사림이 되었다. 김계휘는 서인인 심의겸·기대승·이이·성혼·정철 등과 절친했다.

김장생은 13세에 송익필宋翼弼에게 배웠다. 송익필은 성리학과 문장에 뛰어났는데 특히 예학禮學에 조예가 깊어, 학문이 고명했던 이이와 성혼도 예에 관한 문제는 그에게 물었을 정도로 대가였다. 그러나 서출庶出

* 안당은 기묘사화(1519, 중종 14) 때 좌의정으로서 조광조를 두둔하다 파직되었다. 2년 후 안당의 아들 안처겸이 남곤·심정 등 대신을 없애려 한다고 송사련(안당의 서출 외조카)이 고변해 그 집안을 멸문시킨 사건이다.

* 1589년(선조 22) 정여립의 모반이 발단이 되어 그 후 3년에 걸쳐 정여립과 관련한 동인계 인물들이 죽거나 피해를 입은 사건이다.

이었던 부친 송사련이 안당安瑭 부자를 고변하여 멸문시킨 신사무옥辛巳誣獄* 때문에 송익필은 사대부, 특히 동인에게 질시받았다. 1586년(선조 19)에 동인은 그의 집안을 도로 천인

으로 만들어버렸다. 기축옥사己丑獄事*로 그는 신분을 회복했으나, 그 배후로 지목되어 다시 정쟁의 중심에 섰다. 이후 송익필은 유배와 사면을 거듭하다 말년에는 불우하게 여생을 마쳤다. 김장생은 스승의 집안이 선비에게 죄를 끼쳤다는 하자는 인정했지만, 법을 어기면서까지 가해지는 무고한 핍박에는 반대해 말년까지 스승의 뒤를 돌봐주었다.

김장생이 이이를 찾아 배움을 청했을 때 나이가 스물이었다. 이이를 만나고서야 비로소 학문의 길에 들어섰다고 여러 차례 회고했을

정도로 그의 영향은 컸다. 김장생이 30세가 되었을 때, 이이는 송익필에게 서찰을 보내어 더 가르칠 게 없다 했으니, 그즈음 학문의 일가를 이루었던 모양이다. 33세에는 성혼을 찾아 학문을 배웠다. 배움이 늦었던 이유는 이이에게 받은 영향이 워낙 컸기 때문이기도 했다. 두 스승에서와 마찬가지로 성혼의 풍모와 논의에도 심히 감복했다. 이로서 김장생은 서인 학문의 기초를 세운 3인의 학문을 고루 섭렵하게 된 것이다.

빼어난 스승들을 두루 섭렵했으니 참 명민했을 법하건만, 김장생은 스스로 '굼뜨고 미련하다[魯鈍]'고 자주 자평할 정도로 재주가 없었다. '문장이 졸렬하고 식견이 꽉 막혔다'는 다소 조롱 섞인 평가를 받기도 했다. 문집 《사계유고沙溪遺稿》에 시가 단 세 수만 실려 있을 뿐 그를 기리는 글들에 문장에 대한 의례적인 칭찬이 없는 것을 보면, 하늘은 확실히 그에게 변변치 않은 자질을 내린 듯했다. 관계 진출과 사교가 문장으로 결정되었던 시대에 치명적 단점이 아닐 수 없었다.

하지만 문장이 졸렬하고 식견이 막혔다는 비난을 뒤집어 보면 약삭빠르지 않고 허식을 부리지 않는다는 말일 수도 있다. 그는 스승인 이이나 송익필처럼 천재성을 발휘하진 못했지만 대신 꾸준한 독서로 단점을 보완해 나갔다. 송익필이 《근사록近思錄》을 가르칠 때, 남들도 자기처럼 알겠거니 하며 한 번 읽고 넘어가 버리자, 멍해진 김장생은 읽고 생각하고, 생각하고 읽는 일을 자나 깨나 반복했다고 한다. 성실한 독서만큼은 따를 자가 없으리라고 자부했으니, 하늘은 명민함 대신에 돈후함과 성실을 내려준 셈이었다. 훗날 당대의 문장가 장유張維가 "공

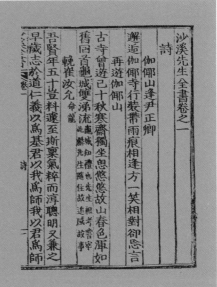

김장생의 문집인 《사계선생전서》(1687) 중 시를 소개한 부분.

문사과孔門四科에 노둔한 증자曾子는 오르지 못했으나, 끝내는 공자의 뒤를 이었네"*라며 김장생을 증자에 견준 것이 과연 그럴듯하다.

김장생은 일찍 과거를 포기하고 학문에 전념했다. 30대에 경학經學

* 공문사과는 공자가 중시한 네 가지 과목으로 덕행, 언어, 정사, 문학을 일컫는다. 공자는 제자 10인을 들어 각 과목에 뛰어나다고 평한 적이 있는데 흔히 '공문십철孔門十哲'이라 부른다. 공문십철은 공자의 대표 제자처럼 알려졌지만, 사실 공자 제자 가운데 선배격인 이들로 보는 게 타당하다. 증자는 십철에는 오르지 못했지만 타고난 성실함으로 스승의 연행을 기억했으며, 훗날 맹자의 사조인 자사子思를 가르쳤기에 공자의 도통을 계승한 제자로 평가되었다.

과 예학에 일가를 이루어 이름을 날렸고 그로 인해 천거되어 관직에도 올랐다. 그는 과거 출신이 아니었으므로 요직과는 거리가 먼 한직을 전전했다. 임진왜란 때 맏아들 부부와 손자가 일본군에게 죽임을 당하는 불행을 겪기도 했지만 그래도 생활은 평탄한 편이었다. 이이의 수제자로서 명성은 높았지만, 관인으로서의 극적인 장면도 없었고 지방에 은둔하는 고고로움도 없었다. 생애 전반前半에 대한 훗날의 자평이 이렇다. "본디 서울의 세족世族으로 재상의 집안에서 자라 음직蔭職으로 30여 년을 평탄히 지내어 관직이 3품에 이르렀으니, 원래 산림의 고상한 절개를 지니고 세상을 떠나 은둔하는 뜻이 있지는 않았다." 김장생은 명문 출신의 착실한 학자로 정치가나 산림은 아니었던 셈이다.

율곡학파를 서인에 뿌리내리다

착실한 학인 김장생이 서인의 산림으로 확고한 위치를 차지하게 된 계기는 생애 최대의 시련 때문이었다. 1613년(광해군 5)의 계축옥사癸丑獄事*에 그의 서제庶弟 두 명이 연좌되어 죽임을 당했다. 당시 광해군이 김장생의 연루 여부를 탐문했을 정

> * 세상에 불만을 품은 서자庶子 7인의 재물 약탈 사건을 계기로 벌어진 옥사다. 집권 대북파는 이 사건을 확대해 영창대군과 그의 외조부 김제남 등을 역모로 몰아 살해, 사사했고 서인과 남인들을 정계에서 축출했다.

도로 그는 주목 대상이었다. 사건 이후 그는 선대 이래 연고가 있던 충청도 연산連山(현재 논산군 연산면)에 내려가 두문불출하며 제자를 교육했다. 그곳에 말년의 은거를 위해 양성당養性堂을 지어둔 터였다. 벼슬살이에 시달리느라 학문에 전념하지 못해 후회가 산더미 같았는데, 얄궂게도 그 소망을 광해군의 폭정이 이루어준 셈이었다. 이후 김장생은 인조반정이 일어날 때까지 10여 년간 학문 연마에 몰두했고, 강학을 통해 수많은 문인을 길러냈다. 훗날 이곳 양성당을 중심으로 돈암서원遯巖書院이 세워져 현재에 이른다.

충청도 서인 선비들 여론의 구심점이었던 돈암서원 전경(충남 논산시 연산면 임리 소재). 김장생·김집 부자와 함께 송준길·송시열을 제향했다.

김장생이 생전에 거둔 문인은 아들 김집을 비롯해 송시열, 송준길, 이유태, 강석기, 장유, 정홍명, 조익, 윤순거, 임숙영, 최명길, 김류, 이시백, 이경석 등이었다. 문인 중에 일부는 인조반정을 주도해 국가 지도층이 되었다. 또 다른 일부, 특히 연산 강학 때에 형성한 그룹은 향후 서인의 체질을 바꾸는 역할을 했다. 그 점에서 그의 연산 강학이 갖는 의미를 깊이 음미할 필요가 있다.

선조宣祖대 사림이 동인과 서인으로 분화할 무렵 서인은 동인에 비해 상대적으로 노장층이었고 관료적 성향이 짙었으므로 학문을 매개로 한 결속력은 미약했다. 서인 학문의 원조는, 동인의 원조인 서경덕·이황·조식 등에 비해 한 세대 뒤인, 이이와 성혼이었다. 생전의 이이는 사림의 분열에 반대하며 동인과 서인의 고른 등용을 위해 노력했지만, 사후 자연스럽게 서인학파의 대표자가 되었다. 달리 보면 그것은 서인 측에서 이이를 높이 평가하고 그의 학문을 자당自黨의 이론으로 정립하는 과정이었다.

하지만 명실상부한 학파가 형성되기 위해서는 두 가지 요소가 더 필요했다. 하나는 인재 양성의 안정성이다. 사림정치와 더불어 만개하기 시작한 학파는 대개 스승의 교육활동을 중심으로 지역 기반과 인적人的 관계망을 형성했다. 출사出仕와 퇴거退去를 거듭한 이이는 서경덕·조식·이황처럼 한 지역에 장기간 머무르며 제자를 양성하지 못했다. 바로 그 미비점을 김장생의 연산 강학이 보완한 것이다.

학파를 공고히 하는 또 하나의 요인은 도통道統의 정립이다. 교육이 학파 발생의 사회적 자산을 마련하는 일이라면, 도통 정립은 정신적 정체성을 갖추는 일이었다. 서인 내에서는 시간이 흐르면서 이이와 성혼의 행적을 두고 약간의 알력이 싹트기 시작했다. 김장생은 성혼이 임진 왜란 때 선조에게 대일對日 유화책을 건의했던 일을 들어 비판한 적이 있었다. 당시에 별다른 의미를 둔 발언은 아니었지만, 훗날 노론과 소론이 각기 이이와 성혼의 학맥으로 도통을 정할 때에 노론 측에서는 이 발언을 들어 이이-김장생으로 이어지는 도통을 정립했다. 결과적으로 김장생은 서인-노론으로 이어지는 학맥의 정체성을 형성시킨 산파가 된 셈이었고, 후대에 노론에서는 이이-김장생-송시열로 도통을 정리하게 되었다.

예학의 시대를 열다

유학의 여러 분야 가운데 김장생이 가장 뚜렷한 업적을 남긴 분야는 예학禮學이었다. 아마 현대인이 가장 생소하게 느끼거나 접근하기 어려운 유학 분야가 경학經學(유학 경전의 고증과 해석)이나 예학일 것이다. 당시에도 마찬가지여서 예학은 치밀한 고증과 성실함이 뒷받침되지 않으면 일가를 이루기 힘들었다. 기질이 특출하거나 재주가 뛰어난 이들은 예의 근본정신을 깨달을 따름이지, 세밀하게 일상을 검속하는 논의에 얽매이기 싫어할지도 모른다. 그런 점에서 김장생의 성실함은 예학 탐구에 잘 맞는 기질이었다.

김장생은 선배이자 예학에서 쌍벽을 이룬 정구鄭逑(이황의 문인)와의 토론과 비판을 통해 학문을 가다듬으며, 나아가 선배 학자들의 예설을 종합했다. 왕통 승계를 성리학의 종법으로 정립하려 했던 《전례문답典禮問答》, 주자의 《가례家禮》를 보완해 선비의 생활규범을 면밀히 정한 《가례집람家禮輯覽》과 편찬서 《상례비요喪禮備要》, 비상한 경우의 예법, 즉 곡례曲禮를 다룬 《의례문해儀禮問解》 등이 그 성과물이다. 김장생이 이룬 예학은 훗날 최고의 평가를 받았다. 19세기 실학자 이규경은 《오주연문장전산고五洲衍文長箋散稿》에서 덕치德治는 조광조, 도학道學은 이황, 학문은 이이, 의리는 송시열 그리고 예학에서는 김장생을 동국제일인東國第一人으로 꼽을 정도였다.

김장생이 예학에서 이룬 성취를 적절하게 소개하는 일은 필자의 능력 밖이므로, 여기서는 그의 예학이 갖는 시대적 의미를 검토해 보기로 한다. 그가 평생 진력한 작업은 예에서 종통宗統의 우월성을 확립하는

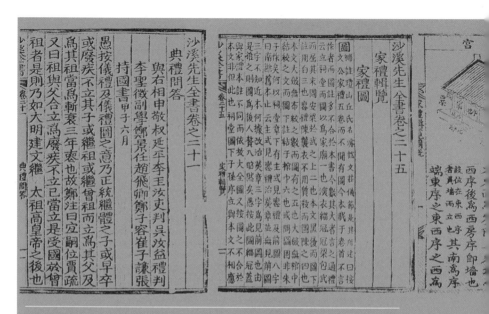

김장생은 예학의 대가답게 방대한 양의 예서禮書를 저술했다. 왼쪽부터 차례로 《전례문답典禮問答》, 《가례집람家禮輯覽》, 《가례집람》의 〈삼대궁도三代宮圖〉, 《상례비요喪禮備要》, 《의례문해儀禮問解》

일이었다. 예컨대 집안에서 후사로 세우는 문제를 보자. 친아들이 없어 양아들을 들여 후사後嗣로 삼았는데, 후에 친아들을 낳는다면 누구를 후사로 삼을 것인가? 1553년(명종 8)의 수교受敎(국왕의 명령)에서는 그 경우 '친아들이 마땅히 제사를 받들고, 후사였던 양아들은 친아들과 의리상 같은 형제이니 중자衆子(둘째 이하의 아들)로 논한다'고 했다. 그러나 김장생은 한 번 양아들을 후사로 삼았으면 후에 친아들이 태어나더라도 그대로 양아들을 후사로 삼고 친아들을 중자로 하는 것이 옳다고 생각했다. 이같은 견해는 1669년(현종 10)에 왕명으로 승인되었고,

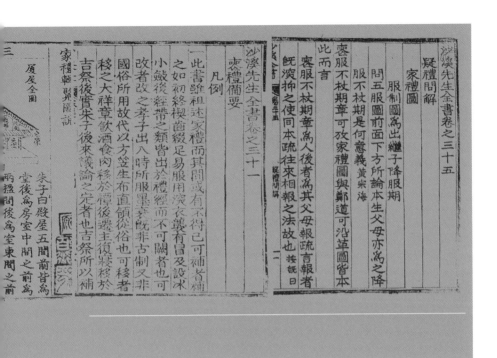

훗날 《속대전續大典》에 그대로 실리게 되었다.

　오늘날 우리에게 선뜻 납득되지 않는 이 논리는 가족질서를 종법宗法에 맞춘다는 사고에서 나왔다. 원래 종법이란 중국 주周나라의 왕위 계승과 분봉分封 논리에서 출발했지만, 성리학에서는 이를 가족질서에까지 확대했다. 곧 혈연에 기초한 인정人情보다, 의리나 예법이 더 근본적인 자연스러움이고, 집안에서는 이를 종법으로 실현한다는 사고였다. 종법이 바탕을 둔 의리나 예법은 세상 운행과 인간사를 움직이는 형이상形而上의 원리, 곧 천리天理의 실현이었다. 역으로 보면, '형

이상의 질서[天理]→사회질서[義理·禮法]→가족질서[宗法]일 터였다. 천리는 인간의 윤리 혹은 자연스러운 정서의 근원이었기에, 혈연에서 느껴지는 정서는 이에 근거해 행해지거나 규제되어야만 했다.

이 논리는 당시에 중요한 의미를 가졌다. 임진왜란 이후 흐트러진 국가 기강을 재수립하고, 그 하부 단위인 지역 사회나 집안 질서를 공고히 하는 기준으로 종법에 주목했기 때문이다. 예란 공경하는 마음을 담는 그릇이므로 시대와 장소에 따라 변할 수밖에 없다. 따라서 시례時禮(현재의 예법)가 중요하다는 점을 생각하면, 당시 조선의 시례를 세우는 일은 곧 새 기강을 세우는 일이 될 수밖에 없었다. 김장생이 조선의 풍토나 문화를 감안해 《주자가례》를 합리적으로 변용한 것도 같은 맥락에서 파악할 수 있다. 그렇게 보면 당시에 김장생, 정구와 같은 예학 대가들의 출현은 우연만도 아니었으니, 그들이 학문에서 거둔 성과는 새 질서 창조에 대한 응답이었다.

그러나 자연스런 정서를 천리를 앞세운 규범과 조화시키기란 쉬운 일이 아니었다. 친아들이 태어난 뒤에도 양자를 그대로 후사로 세우는 문제도 사실 큰 논란을 겪다가 현종대에 비로소 승인되었다. 유사한 사례가 왕통과 관련되면서 그 파장은 더욱 커졌다.

김장생은 인조의 생부 정원군定遠君의 추숭 문제를 두고 인조와 대립했다. 인조는 의義를 내세워 반정했지만, 종통 문제가 못내 걸렸다. 선조宣祖의 손자로 왕위를 계승했지만 선조와 자신은 의리상 부자가 되었다. 그러면 실제 아버지인 정원군의 위상은 어떻게 되는가? 인조는 정원군을 원종元宗으로 추숭해 선조-원종(정원군)-인조로 이어지는 새로운 종통을 세우려 했다. 그러면 혈연상 문제가 없으며, 정통성은 더욱 굳어진다. 공신을 비롯한 근왕파와 또 다른 산림 박지계는 각기 입론을 내세워 인조를 지지했다. 하지만 김장생은 인조가 이미 대통을 승계했고 의리가 정해졌으므로, 정원군은 사친私親 곧 백숙부로 보아야 한다고 주장했다. 중요한 것은 혈연이 아니라 의리에 기초한 종법의 보편성이었으며, 왕실도 예외가 아니었다. 현실에서는 결국 인조의 뜻대로 정원군이 원종으로 추숭되었다. 하지만 김장생의 정신은 아들 김집을 거쳐 송시열 등에 계승되었다.

부자의 문묘 종사

김장생은 인조와 예론을 두고 갈등하기도 했지만, 원자(소현세자)의 스승으로, 이괄의 난과 정묘호란 때는 왕과 세자의 보위자로 인조 집권 초기에 정국 안정에 기여하다가 1631년(인조 9)에 사망했다. 그가 죽은 후에는 아들 김집이 그의 역할을 계승했다. 김집은 부친의 《의례문해》를 교정하고 《상례비요》를 중간했다. 그리고 《상례문해속喪禮問解續》과 《고금상례이동의古今喪禮異同議》를 저술해 예학을 더욱 발전시켰다. 교육도 꾸준히 진행했다. 그의 문인은 송시열·송준길을 비롯해 이유태·윤선거 등인데 부친과 많이 겹친다. 사실 김장생 말년의 제자는 김집이 가르친 경우가 많았다. 김장생 부자의 대를 이은 교육으로 충청도는 이이 학맥의 새로운 중심지가 되었다.

김집은 부친처럼 문과를 통하지 않고 천거로 관직에 올랐지만 실제

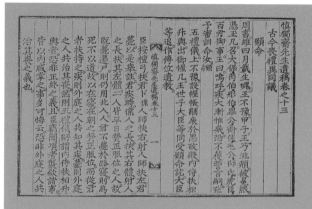

김집의 저서《고금상례이동의古今喪禮異同議》의 〈고명顧命〉 부분. 그는 부친 김장생의 역할을 계승, 각종 예서 저술에 몰두해 예학을 더욱 발전시켰다.

그 기간은 아주 짧았다. 병자호란 이후 산림으로서 잠시 경연經筵에 참여했지만, 그 비중은 미미했다. 그가 정계에서 의미 있게 활동한 시기는 효종이 즉위하고부터였다. 1649년 효종이 즉위하고 산림을 대거 등용하자, 이미 70대 중반에 접어든 김집은 '대로大老'로 불리며 큰 기대속에 출사했다. 당시 대로로 불린 사람은 김집 말고도 김상헌金尙憲이 있었다. 김상헌은 강직함과 척화론으로 유명한 인물이다. 그는 과거 출신의 관료로서 산림은 아니었지만, 인조대 초반 청론淸論을 주장하고 병자호란 때 척화파의 영수로 활약했기에 산림에 버금가는 명성을 얻고 있었다. 김집과 김상헌은 의기투합해 '산림의 붕당'이라는 산당山黨을 이끌었다. 산당의 결성은 그 의미가 매우 컸다.

인조반정을 통해 서인이 집권 주류가 되었다고 했지만, 엄밀히 말하면 반정에 참가한 서인은 일부에 불과했다. 그들이 비록 '산림을 받들어 중용한다'고 내세웠지만, 그 말에는 산림은 객체이고 권신權臣인 그들이 여전히 정국을 주도한다는 의미도 깔려 있었다. 그들은 이내 크고 작은 정파로 분열했는데 공신 대 비공신(공서功西와 청서淸西), 세대간 대립(노서老西와 소서少西) 등이 그것이었으며 이념에 따른 분열은 아니었다. 그 지형을 갈라놓은 사건이 병자호란이었다.

붕당을 막론하고 척화斥和와 주화主和로 의견이 갈리면서 기존 구도는 일시에 부정되었으며 원칙론과 현실론 사이의 대립선이 분명해졌다. 병자호란 당시에는 현실론이 정국을 주도해 물리적 피해를 줄였지만, 전대미문의 정신적 충격까지 막을 수는 없었다. 정신적 충격에서 벗어나는 길은 이념의 재무장을 통해 국가 존립의 근거를 확보하는 것이었고, 따라서 점차 원칙론이 힘을 얻게 되었다. 그 원칙을 표방한 본격적인 그룹이 산당이었다. 산당은 형식상으로는 김상헌 중심의 관료와 김집 중심의 산림의 결합이었으며, 내용상으로는 척화의리를 상징하는 절의파節義派와 서인의 도통을 계승한 도학파道學派의 만남이었다. 명실상부한 이념집단의 출현인 것이다. 효종대 이후 그들은 명분에 취약한 공신계를 점차 도태시키며 새로운 주류로 성장해 나갔다.

김장생, 김집 부자는 이이의 학맥을 공고히 하고 예학의 태두로 한 시대와 산림정치를 열었다. 그들 대에 체질이 바뀐 서인의 일부는 17세기 후반 노론으로 이어졌고 18, 19세기에도 사대부층의 주류를 이어갔다. 김장생 부자에 대한 존숭이 높아감은 불문가지다. 김장생은

祀　文廟書

士若四人君之表章正學所以定
聖廟之陞躋先賢一所以
明道統緯禮將舉公議僉同
予推本朝治化成儒術學校庠
序之大備久道化成聰明豪
傑之相望名世綃出猗人文
之懋盛逮
宣廟而尤隆推卿早歲志學
大賢為師言其宏深則地負
海涵之氣象其篤實則人
一巳之工夫始自切問而
近思終焉下學而上達性命
精微之蘊洞見大原理氣先
後之分益闡遺百年彌高而
德郡體亮立而用行探討講
論之功風動乎遠通玩賾沉
贊之敎日造乎高明以至奧

〈김장생 문묘배향교지〉(1717, 숙종 43) 부분. 문묘 배향은 학문의 정통성을 공인하는 것으로 유학자로선 최고의 영예였다.

1717년(숙종 3), 김집은 1883년(고종 20)에 각각 문묘에 배향되었으니, 부자의 문묘 배향은 한국 역사상 그들이 유일하다. 집안 또한 번성했다. 김집의 아우인 김반金槃의 자손 중에서는 김익희·김만기·김만중 등 쟁쟁한 명사들이 연이어 나왔다. 특히 김만기의 딸이 인경왕후仁敬王后(숙종의 원비)가 되었으니, 집안은 산림 가문에서 척신 가문으로 바뀌었다. 물론 가문에 그림자도 있었다. 숙종대에 모략정치를 행해 악명을 얻은 김익훈 같은 인물도 있었기 때문이다.

〈전 김장생 초상〉(작자미상, 국립중앙박물관 소장).

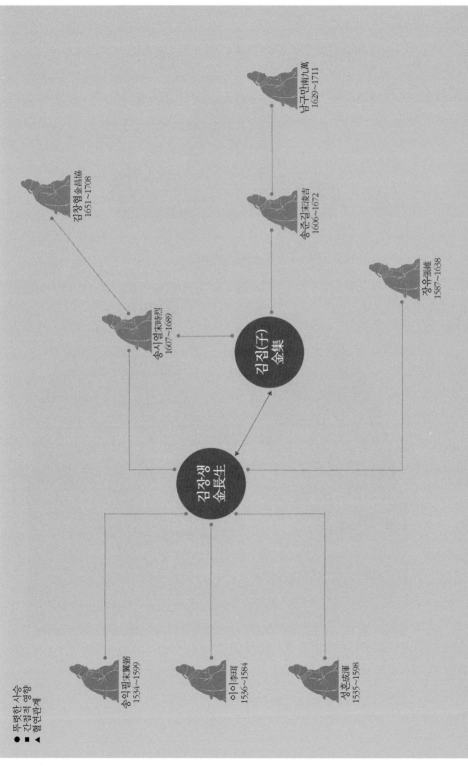

● 뚜렷한 사승
■ 간접적 영향
▲ 혈연관계

송익필宋翼弼
1534~1599

이이李珥
1536~1584

성혼成渾
1535~1598

김장생
金長生

김집(子)
金集

송익필宋翼弼
1534~1599

승시열宋時烈
1607~1689

김창협金昌協
1651~1708

송준길宋浚吉
1606~1672

남구만南九萬
1629~1711

장유張維
1587~1638

가통보다 소중한 사랑

산림가의 전통을 잇지 못했던 데는 김집의 적실 자손이 없었던 것도 무시할 수 없은 이유였다. 마지막으로 그 사정이나 소개해 보자. 김집은 임진왜란 직전에 이조판서 유홍俞泓의 딸과 결혼했지만 유씨는 장애가 있어 부부의 도리를 못 했다고 한다. 이에 김집은 이이의 서녀庶女를 소실로 들였다. 비록 서녀이지만 사조師祖의 딸을 맞이한 셈이다. 이씨는 현명했고 집안일에도 능숙했다. 정실인 유씨가 죽자, 부친 김장생은 적실 후손이 끊길 것을 염려해 재가를 권했다. 김집은 다시 정실을 얻을 마음이 없으며 소실의 현명함에 만족한다고 했다. 아버지는 무안했으며, 아들은 끝내 재가하지 않고 이씨와 해로했다.

스승의 서녀를 며느리로 맞이했으면서도 적손嫡孫을 생각하지 않을 수 없었던 김장생의 고충에도 공감하지만, 끝내 해로한 김집과 이씨의 사랑은 더욱 감동적이다. 인간의 자연스런 정서가 예학의 대가들을 눌렀다는 느낌이 은연중 들 정도이니, 부부의 각별한 애정 앞에선 평생 궁구했던 천리에 대한 소명 의식도 어쩔 수가 없었나보다.

산림 ^{山林}

산림은 '산림숙덕지사山林宿德之士' 혹은 '산림독서지인山林讀書之人'의 준말이다. 그대로 풀이하면 '재야의 학문과 덕행이 높은 선비' 정도일 것이다. 산림은 과거를 통하지 않고 천거에 의해 등용된 재야의 학자다. 일반적으로 산림의 전형으로 처음 꼽히는 이가 정인홍鄭仁弘이다. 정인홍은 광해군대에 산림의 독자적 위상을 확보했으나, 사림에게 소외되었으므로 원형을 제시한 정도의 수준이라 할 수 있다.

산림은 인조대 이후 본격적으로 등장했다. 조정에서도 성균관에 사업·좨주, 세자시강원에 찬선·익선 등의 관직을 차례로 두어 그들의 출사를 제도적으로 보장했다. 인조대 처음 산림직에 오른 인물이 김장생, 박지계, 장현광이었고 이어 고종대까지 약 170여 명의 학자가 산림이 되었다. 산림의 존재와 학계·정계에서 활약은 조선 유교정치의 성숙을 보여준다. 그렇다면 그들의 등장은 유학정치사에서 어떤 의미를 갖는 것일까?

유학은 요堯·순舜·삼대三代(夏·殷·周)의 이상 사회를 실현하는 것이 목적이었다. 그 시절에는 성인 군주 곧 성왕聖王이 다스렸다. 이상대로라면 가장 덕이 높은 이가 군주가 되어야 하니, 요堯가 순舜에게, 순이 우禹에게 왕위를 물려주었듯이 최고의 현자가 왕위에 올라야 했다. 하지만 세습 군주의 등장으로 성왕의 계승은 담보할 수 없었다. 이에 따라 성인과 군주 사이에는 피할 수 없는 틈, 곧 도道와 정政의 분리, 성聖과 왕王의 분리가 생겼다. 그 틈을 메우는 일이 유학의 큰 숙제였다. 유학의 나라 조선에서는 그 틈을 메우는 방식이 어떻게 나타났을까? 그 방식은 거칠게 보면 세 가지였는데 시기와 상황에 따라 간헐적으로 혹은 융합되어 나타났다.

첫째는 재주와 학덕을 겸비한 군주가 성왕聖王을 표방하는 것이다. 군주성왕론은 역대 국왕의 왕권강화 논리였다. 그 모델에 합당한 이들로 조선 전기에는 절대왕권을 추구한 태종이나 세조, 해동요순海東堯舜으로 추앙받은 세종, 문물전장을 완성한 성종 등을 꼽을 수 있겠다. 다만 조선 전기에는 양성지가 '군주성왕론'을 제시한 정도였고 세련된 이론으로까지는 발전하지 못했다. 군주성왕론을 이론까지 정연하게 아울러 국왕이 유학의 도통을 계승했다고 천명한 사례는 조선 후기의 영조와 정조였다.

둘째는 재상권을 중시하는 견해였다. 국왕의 자질이 중간 정도만 되더라도, 만인 가운데 능력이 뛰어난 현자를 재상으로 임명한다면 통치 수준은 항상적으로 보장되었다. 재상은 위로는 군주를 보필하며 아래로는 백관을 통솔하고 만민을 다스린다. 이 구상을 선명히 드러낸 인물이 정도전이었는데, 그가 숙청된 이후에 의정부·비변사의 재상 합의 전통으로 이어졌다.

세 번째는 산림을 통해 세도世道를 구현한다는 구상이었다. 재야 출신의 산림은 공자 이래의 도통을 이어 국왕이나 세자를 보좌하거나 가르친다. 그들은 과거 출신의 고위 관료에 비해 폭넓은 자율성을 누리며 사대부의 공론

公論을 대변했다. 이 방식이야말로 야인野人에 가까웠던 공자 스타일이었고, 사대부 중심 유학인 성리학에서 추구하는 전형적 모델이었다.

16세기 이래 성장한 사림은 17세기에 산림을 배출하여 붕당朋黨(남구만편 조선 지식인의 키워드 참조)의 기반을 조성해 나갔다. 그들은 국왕과 관료의 공적公的 시스템을 보좌하거나 견제했다. 그러나 17세기 후반 이후 붕당정치가 격화하고 그 대안으로 탕평정치가 전개되자 산림의 지위는 흔들리기 시작했다. 산림이 사대부의 공론이 아니라 자기 정파의 여론만을 대변한다는 비판이 점차 강화되었다. 또 군사君師(국왕이자 사대부의 스승)를 자임한 영조와 정조가 등장했다. 산림의 정치적 영향력은 영조대에 현격히 축소되었으며, 정조대에는 친왕적 속성을 노골적으로 드러내는 산림이 나오기 시작했다. 19세기 전반에는 세도가문의 식객과 같은 인물도 나와 점차 형식적인 지위로 전락했다.

예禮와 예학禮學

유학에서 말하는 예禮는 서구의 에티켓이나 매너와는 사뭇 범주가 다르다. 에티켓이나 매너는 서양의 중세 귀족 문화에서 기원해 근대 사회의 형성과 더불어 확장된 개념으로, 자율적 개인 사이의 영역을 침해하지 않는 따라서 공존을 위한 수단이나 기능의 의미가 강하다. 유교의 예는 그에 비해 역사도 길고 철학, 사회적 의미가 깊다. 간단히 말하면, 인간이면 누구나 갖고 있는 보편적 덕성이 외면적 질서로 드러난 것이 예다. 타인에 대한 배려와 존중이라는 의미에서 매너와 통할 수도 있지만, 그보다는 사회, 국가, 나아가 세계질서에서도 실현되어야 하는 이상적 질서로서 개인 범주에서는 도덕수양의 외화물이고 국가 차원에서는 덕치德治의 상징이었다.

유학의 분파인 성리학은 인간의 덕성이 천리에 근원했다는 '성즉리性卽理'가 대전제였다. 따라서 성리학에서 예는 덕성의 형상물에서 한걸음 나아가 천리의 형상물로 생각되었다. "예를 행하는 데는 조화가 중요하다[禮之

《국조오례의國朝五禮儀》의 〈서문〉과 〈길례吉禮〉 부분(신숙주·정척 등 엮음, 목판본, 장서각도서).

用, 和爲貴]"는 《논어論語》의 구절에 주자가 "예는 천리가 적절하게 행해진 것이고, 인간 만사의 의식과 법칙이다[天理之節文, 人事之儀則]"라고 해석한 것이 대표적 일례다. 천리에 근거해 인간과 세계의 정합성을 추구할수록 예의 응용은 중요해졌고, 예를 탐구하는 이론 또한 정교해졌다.

유학을 국시로 표방한 조선에서 국가 운영의 바른 예를 구현하는 일은 필수였다. 건국 초기부터 유교경전인 《예기禮記》, 《주례周禮》 등에 기초해 국가 의례를 기획, 운용했는데 그 최종 성과물이 세종대에 시작해 성종대에 완성한 《국조오례의國朝五禮儀》였다.

사대부 사회의 예법은 어떠했을까? 주자가 쓴 《가례家禮》는 고려 말에 수입되었으나 이의 시행은 부분적이거나 절충적이었다. 개인의 수기修己와 관련한 예서禮書가 풍미한 것은 사림의 성장과 더불어서였다. 《가례》가 왕성하게 보급되었고, 지금 우리가 유교적 예법하면 떠올리는 관혼상제冠婚喪祭

《가례家禮》의 〈통례通禮〉 부분(주희 엮음, 규장각도서).

영역에 대한 정밀한 예법이 탐구, 일상화되었다.

어려서부터 《가례》를 보고 배운 다음 세대에서는 현실 응용이 가장 큰 문제였다. 예는 형식으로 나타나기 때문에 현실에서 부딪히는 다양한 상황에서 어떻게 적절하게 대응할까를 고민하는 일은 자연스런 귀결이었다. 16세기 후반이 되자 깊은 학문적 성취 위에 조선의 현실에 맞는 예를 기획한 예서가 나오기 시작했다. 이황 문하의 정구와 이이 문하의 김장생이 그 정점에 있었다. 이황과 이이 등이 성리학 전반의 원론을 탐구했다면, 제자들은 이를 각론으로 파고든 셈이었다. 예서는 이후에도 왕성하게 간행되었다.

한편 임진왜란과 병자호란을 거친 후에는 사상계 전체에 큰 변화가 일어났다. 국제정세의 변화, 국가 기강의 해이, 신분질서의 혼란 속에서 새로운 질서를 수립해야 한다는 긴장감과 절박감이 생겨났다. 따라서 예학의 성과를 현실에서 강하게 실현해야 한다는 압박이, 예학의 발달과는 또 다른 차원에서 대두

되었다. 예의 실천, 그 실천의 기준이 국가 전통이어야 하는가, 고례古禮여야 하는가, 성리학에 두어야 하는가를 두고 수많은 논쟁이 벌어졌다. 예를 둘러싼 논쟁 곧 예송禮訟의 시작이었다. 앞에서 소개한 '원종추숭元宗追崇 논쟁'은 그 단적인 사례였다. 국왕, 왕실의 권위를 중시하는 견해와 성리학 종법의 보편성을 강조하는 견해 사이에서 빚어진 논쟁이었다. 김장생은 후자를 대표했다.

이후에도 예송의 정치적 파급력은 점점 더해갔고 드디어 현종 초와 현종 말에서 숙종 초에 대대적인 예송이 두 차례나 벌어졌다. 이른바 기해예송己亥禮訟, 갑인예송甲寅禮訟이었다(기해예송과 갑인예송에 대해서는 송시열과 윤휴 편 참조). 보통의 예송이야 조선시대 내내 있었지만 이때만큼 치열하게 전개된 적은 없었으니, 예에 대한 해석이 정권을 바꾸는 전무후무한 사건까지 벌어졌다. 이 사건은 예의 실현을 둘러싼 당대인의 치열함과 사회적 파급력을 잘 보여준다.

백성이 편안하면 국가에 근심이 없다

김육金堉

지字 백후伯厚, 호號 잠곡潛谷 · 회정당晦靜堂, 본관本貫 청풍淸風. 1580(선조 13) 서울에서 태어남. 1594(선조 27) 15세 성혼을 배알함. 1611(광해군 3) 32세 성균관 재임齋任으로 정인홍을 유적儒籍에서 삭제하는 일을 주도함. 1613(광해군 5) 34세 경기도 가평에 내려 감. 1624(인조 2) 45세 문과 급제. 1636(인조 14) 57세 동지사로 명나라에 사신갔다 이듬해 귀국함. 1638(인조 16) 59세 대동법 시행을 건의함. 《구황벽온방救荒辟瘟方》을 간행함. 1644(인조 22) 65세 서로西路에서 수레와 돈을 쓰는 제도를 시행하기를 청함. 1645(인조 23) 66세 북경에 일관日官을 피 견하여 시헌력을 배워오기를 청함. 1649(효종 즉위년) 70세 우의정 제수. 대동법 시행 등을 건의함. 1650(효종 원년) 71세 대동법 시행을 두고 김상헌, 김집과 갈등함. 한당漢黨이 형성됨. 1651(효종 2) 72세 영의정 제수. 1654(효종 5) 75세 충청도 대동법 시행. 1657(효종 8) 78세 전라도에 대동법 시행 을 건의함. 1658(효종 9) 79세 별세. 전라 연안에 대동법 시행.

교과서로 김육金堉을 접했던 이들은 그의 이름을 들으면 기계적으로 '대동법大同法'을 연상한다. 조금 더 관심 있는 이들은, 대동법을 통해 백성의 고통을 완화하고 국가 재정을 안정시킨 개혁관료이자, 화폐 유통·수레 사용·은광 개발 등을 주장했으며 당시에 최신 역법曆法이었던 시헌력時憲曆을 재빠르게 수용한 실용 관료를 떠올릴 것이다.

효종대에 우의정, 좌의정, 영의정을 두루 지낸 재상으로 이 정도의 실용적 개혁책을 주장했으니, 비록 일부는 생전에 실현되지 못했지만, 매우 이채롭지 않은가. 그는 시대를 앞선 선각자가 아니겠는가. 하지만 선각자라는 섣부른 단정에, 필자는 시공간의 좌표를 현대인의 정서에 가깝게 설정했다는 인상 또한 지울 수 없다. 그의 이채로움을 어떻게 이해할 것인가.

김육의 일생은 매우 극적이다. 생애 전반부는 고난의 연속이었다. 30대 후반에는 경기도 가평에서 10년간 농사를 짓기도 했다. 그에 비해 생애 후반부는 득의의 시절이었다. 경세가로, 외교가로 명성을 날렸으며 말년에는 한당漢黨이란 정치 그룹의 영수로도 활약했다. 1651년(효종 2)에는 손녀가 세자빈(현종비 명성왕후)이 되었으니 집안의 영화도 극에 달했다. 권력의 정점에 섰을 때 김육은 대동법을 비롯한 수많은 개혁책을 건의하거나 실현했다. 그의 개혁책은 일방의 지지를 받았지만 성리학의 정통을 자처하는 이들에겐 공리功利 추구로 비판받았다.

전·후반이 확연히 대조되는 인생역정이나, 공리를 내세웠다는 점에서 김육은 이채로운 존재다. 그런데 공리에 기반한 일련의 정책을 홀로 외롭게 추구한 것만은 아니었다. 부분적 각론 차이는 있겠지만, 그 정도 개혁책은 당대에 폭넓게 논의, 시행되었다. 필자에겐 오히려 초심을 잃지 않고 개혁책을 신념 있게 추진한 김육의 일관성이 이채롭게 보인다.

기억해야 할 것은 당시 그와 같은 실용파가 한 흐름을 형성했다는 사실이다. 그들은 굳이 말하면 경세관료, 요즘 식으로 말하면 민생복리에 깊은 관심을 가진 제도개혁파라고 부를 수 있겠다. 도학道學의 시대에 제도개혁파가 엄연히 존재했고 그들이 민생과 실용을 강조하며 꾸준히 정책을 개선했던 사실은 조선 사회의 생명력을 보여주는 또 하나의 지표였다.

애물제인의 마음

김육은 1580년(선조 13)에 한성부 서부 마포리 외가에서 태어났다. 그의 고조부는 조광조와 함께 활동했던 김식金湜이었다. 중종대에 조광조를 중심으로 도학정치를 추구한 사림들은 훗날 기묘사림己卯士林으로 불리며 사림정치의 사표師表로 추앙받았는데, 김식 역시 기묘팔현己卯八賢의 한 사람으로 명망이 높았다.

그러나 김식이 기묘사화己卯士禍에 연루되어 자결한 뒤로 가문의 영달도 다했다. 한 번 기운 가세는 김육 세대에서도 여전했다. 엎친 데 덮친 격으로 소년기에는 임진왜란을 겪었고 그 와중에 부친이 사망했으며, 임진왜란 직후에는 모친상마저 치러야 했다. 그는 고모부 임경홍 내외에 의지하며 컸다. 부친은 임종할 때에 "능히 가문을 일으키면 지

하에서라도 기뻐할 것이다"라는 유훈을 김육에게 남겼는데, 그 뜻을
그나마 이루기 시작한 것은 10여 년이나 지난 26세가 되어서였다. 문
과 응시 자격을 주는 소과小科에 합격해 성균관에 입학한 것이다.

 몇 년 후 광해군이 즉위하자, 전국의 사림들을 중심으로 '오현五賢을
문묘에 종사해달라'*는 청원이 대대
적으로 일어났다. 김육은 성균관의
동료들과 함께 선두에 섰고, 곧이어
자신의 스승 성혼成渾이 임진왜란

* 오현은·김굉필·정여창·조광조·이언적·이황
으로 1610년(광해군 2)에 문묘에 종사되었다. 이
는 1517년(중종 12) 정몽주를 종사한 이후 조선
에서는 두 번째이자, 조선이 배출한 학자로서는
처음이었다. 오현 종사는 사림의 공론을 반영한
것으로 사림정치가 확고해졌음을 상징한다.

때 선조에게 불손했다는 모함이 나오자 이를 적극 변호했다. 1610년(광
해군 2) 전후의 일이다. 북인이 주도하는 정계에서 그는 '튀는 학생'이
었던 셈이다. 이듬해 결국 사단이 터졌다.

 북인의 정신적 지주로 산림이었던 정인홍鄭仁弘은 오현 가운데 이언
적과 이황의 행적을 문제삼아 문묘에서 출향黜享할 것을 주장했다. 이
일로 그는 서·남인계 유생들의 공분을 샀다. 당시 성균관의 재임齋任,
요즘으로 말하자면 대학 총학생회 간부였던 김육과 동료들은 정인홍을
유생들의 명부인〈청금록靑衿錄〉에서 삭제해 버리고, 동맹휴학이라 할
수 있는 공관空館을 감행했다. 이 일로 김육은 광해군의 노여움을 샀지
만, 다행히 이항복 등이 감싸서 처벌은 면했다. 하지만 부친의 유훈을
실현할 길은 막힌 것이나 다름없었다. 30대 초반까지 문과 초시에는
몇 번 합격했지만 급제하지는 못했다. 광해군의 집권 후반기는 대북파
의 일당독재가 노골화했으니 서인계인 그가 정식 관원이 된다 할지라
도 훗날을 기약하기 어려운 실정이었다.

청년기에 왕성한 언론 활동으로 서인 신진의 중심인물로 떠올랐지만, 소년기 김육의 내면에는 앞으로의 행보를 결정지을 중요한 씨앗이 심어지고 있었음도 눈여겨볼 만하다. 그는 어릴 적 《소학小學》을 읽다가 정호程顥(중국 북송北宋의 성리학자)가 말한 "처음 관직에 오른 이가 진실로 애물愛物하는 마음을 지닌다면 사람에게 반드시 도움이 될 것이다[一命之士, 苟存心於愛物, 於人必有所濟]"라는 구절에서 뭉클한 감동을 받았다고 한다. '애물愛物'의 물物은 사물로도 볼 수 있고 사람이라 보아도 무방하며, '도움된다[所濟]'는 것은 제인濟人, 제민濟民이니 백성을 고통에서 구해 은택을 미치는 일이다.

훗날 그는 "사람들은 성현의 말에 대해 좋아하는 바가 각자 따로 있다"고 했는데, 그 말을 따른다면 그는 사람을 사랑하는 '애물의 마음'과 타인에게 헌신하는 '제인의 마음'을 좌우명으로 삼은 셈이었다.

그는 차후에도 애물제인愛物濟人과 관련한 구절이 있으면 계속 기록해 훗날 그 기록을 모아 《종덕신편種德新編》이란 책을 편집했다. 그 서문 가운데 일부를 인용해 본다.

스스로 생각해 보니 (애물하는 마음은) 관원만이 그러한 것이 아니니 사람이라면 마땅히 이와 같아야 한다. 다만 그 마음이 있다고 하더라도 제인하는 일은 반드시 관직에 올라야 할 수 있다. …… 매번 옛 책을 볼 때마다 애물과 제인에 대해 말한 것이 있으면 반드시 마음속으로 기뻐하여 기록했으며, 아울러 옛 사람이 의혹을 풀고 간사함을 밝힌 일도 기록하여 그 아래에 붙였다. 무릇 애물은 인仁에 근본했고, 제인은 의義에 근본했으며, 의혹을 푸는 것은 지智에 근본했으니 이 모두는 사람의 성품에 본디 있어서 자연스레 피어나는 것이다.

　서문에는 김육의 중요한 사고방식 세 가지가 드러난다. 애물하는 마음은 누구나 가져야 할 보편가치이지만, 애물의 구체적 실현, 즉 제인은 관원의 몫이라고 방점 찍은 점이 그 하나다. 유학에서 치자治者와 피치자被治者를 가르고 치자의 수양과 덕성을 강조하는 것은 새삼스러울 게 없으되, 제인의 뜻을 품은 관원이 되리라는 강한 책임감을 엿볼 수 있다.

　둘째는 제인의 근원으로 의義를 강조하는 태도다. 인仁에서 흘러나오는 사랑에 기반해 주변 사람들의 행복을 위해 애쓰는 정신이 그가 생각한 의였다. 정감에서 흘러나와 나와 관계 있는 타자에게 헌신하는 정신, 곧 인仁에 기초해 직분에 충실하는 의는 원시 유학의 개념이었다. 그에 비해 성리학에 말하는 의는 좀 다르다. 성리학에서는 본성의 근거를 천리에서 기원하는 것으로 설명한다. 그러므로 정감의 교차에서 의가 나오는 것이 아니라, 의를 간직한 본성에서 바른 행위가 가능하다는 논리로 전환되었다. 곧 본성에 기초한 규범으로서의 당위가 강화된 것이다. 그 점에서 그의 사고방식은 성리학 이전의 유학에 가까웠다.

　따라서 김육이 강조한 지智 역시 제인에 필요한 방도를 찾거나 실천에서 생기는 의혹을 해소하는 지혜의 의미였다. 그것 역시 성리학에서, 지智란 인간과 세계에 내재한 질서를 깨달을 수 있는 본성이라고 말하는 것과는 달랐다. 그가 성리학자들과 다르게 구체적인 정책개발에 주력한 것은 이같은 사고에서 기인했다.

가평 10년, 노동 중에 민생을 체험하다

김육은 34세에 가평 잠곡潛谷(현재 경기도 가평군 청평면)에 은거했다. 이곳에 선영이 있었다고 하나 집안의 세거지는 아니었고, 어려운 시절 몸을 의탁했던 고모부 임경홍의 전지가 있었다. 김육은 처음에 거처할 곳이 없어 굴을 파고 그 위에 나무를 대충 얹어 집을 만들고 지냈다고 한다. 훗날 판서와 국구國舅(임금의 장인)가 되는 김좌명金佐明 · 김우명金佑明 형제를 낳은 곳이기도 하다.

김육의 가평 생활에 관한 기록은 많지 않다. 농사짓는 일에 주력했기 때문이다. 당시는 광해군 말년인지라 서인과 남인에 속한 많은 인물들이 은거했지만 그처럼 작심하고 농사지었던 이는 드물었다. 기록은 없지만 그가 여기서 농민들과 어울리며 백성의 질고를 체험했음을 상상하기란 어렵지 않다.

농사꾼 김육의 소탈한 면모는 선조의 부마였던 신익성申翊聖을 맞이할 때의 일화에 잘 보인다. 부인이 귀인貴人이 왔다고 전갈하며 급히 의관을 보내자, 김육은 자신이 밭가는 사람인 줄 이미 알고 있을 터인데 의관이 무슨 소용이냐며 일하던 옷 그대로 맞았다. 대화할 때는 한술 더 떴다. 신익성을 밭두렁에 그대로 앉게 하고 하던 일을 계속한 것이다. 신익성은 그가 김매는 방향에 따라 이리저리 자리를 옮기며 담소했다고 한다. 훗날 신익성의 딸과 김육의 아들 김좌명이 결혼해 두 집안은 혼연을 맺었고, 신익성의 아들 신면은 김육과 함께 한당이란 정파를 이끌게 된다.

가문에는 전설 같은 일화도 전한다. 농한기에는 숯을 구워 몸소 서울로 지고 날랐는데, 새벽에 동대문을 열면 맨처음 들어오는 숯장수가 바

〈해동지도〉 가평군에 보이는 잠곡서원과 현재의 잠곡서원 터. 잠곡서원은 대원군의 서원철폐령으로 없어졌고 현재 가평군 청평면에 터와 유지비만 남아있다.

로 김육이었다고 한다.

일화를 다 믿을 수는 없겠지만, 육체적 근로를 마다하지 않았던 선비상이 선명하게 떠오른다. 이 시기의 경험을 통해 그는 민생 우선의 정책을 뼈저리게 고민했을 법하다. 훗날 경세가로 함께 명성을 날렸던 조익·최명길과 어울리기도 했다.

가평에 은거한 지 3년째가 되던 해 김육은 회정당晦靜堂이란 작은 집을 지었는데, '회정'에 담긴 숨은 뜻을 후배 장유張維는 다음과 같이 풀이했다.

김육의 《종덕신편》〈서문〉(장서각도서)과 영조가 이를 읽고 감동해 재간행한 《종덕신편언해》의 〈어제서〉(규장각도서).

(군자는) 험난한 상황에서도 천하를 경륜할 준비를 축적하면서 지극히 곤궁한 생활도 달게 여긴다. …… 소리를 거두고 빛을 갈무리하여 텅 비고 자취가 없는 상태로 있으니 그가 있는 줄 전혀 눈치 채지 못하다가, 급기야 기운이 무르익어 움직임이 일어나게 되면 순식간에 번쩍이면서 산악을 뒤흔들고 하늘을 온통 환히 밝히니 이 기세는 그 누구도 막을 수가 없다. 이것이 바로 회정晦靜의 작용이다(장유, 《계곡집》 8권, 〈회정당에 대한 글晦靜堂記〉).

기운은 순환하게 마련이니 어둠[晦] 다음은 밝음이 오고, 고요함[靜]이 극에 달하면 움직이게 마련이다. 회정에는 세상을 경륜할 때를 기다리며 곤궁을 달게 여기려는 의지가 깃들어 있었다. 잠곡潛谷의 김육은 잠룡潛龍을 꿈꾸고 있었던가.

농사꾼 김육의 애물제인하는 마음과 서민적 풍모는 후대에도 회자膾炙되었다. 평소 서민적 풍모를 과시했던 영조는 김육의 《종덕신편》을 읽고 1758년(영조 34)에 간행하고, 서문을 썼다. 1764년에 쓴 글에서는 김육이 농사지으며 독서했던 모습을 상기하며, 농민의 고통을 모르고 사치에 빠진 서울의 사대부를 질타했다. 말년의 영조는 《종덕신편》을 본딴 《수덕전편樹德全編》이란 글을 짓기도 했다.

대동법大同法, 멀고도 어려운 길

인조반정을 계기로 김육의 인생은 순탄히 풀려나갔다. 인재가 급했던 새 정부는 그를 특별 기용했으니 비로소 관직에 발을 디뎠고, 이듬해 문과에 급제했을 때 나이가 45세였다. 출발은 늦었지만 분야를 가리지 않는 개혁책 건의로 차근차근 승진했다.

중년에 접어든 김육이 안목을 크게 넓힌 계기는 병자호란 발발 직전에 명에 사신으로 갔을 때였다. 당시 나이 57세, 조선이 명에 보낸 마지막 사신이 바로 그였다. 명에서 그가 느낀 것은 위로는 관군과 관리의 타락이었고 아래로는 미신의 성행이었다. 특히 환관과 고위 관료가 타락해 노골적으로 뇌물을 요구하는 데 시달린 그는 개혁의 시급함을 절실히 느끼게 되었다. 명에 다녀온 이듬해 그는 충청도 관찰사로 재직하면서 대동법의 확대 시행을 강력하게 건의했다.

대동법, 현물로 받던 공물貢物을 쌀이나 포布로 받자는 주장은 김육 이전에도 수없이 논의되었으며 또 일부 시행되고 있었다. 이이의 대공수미법代貢收米法이 대표적 건의였다면, 일부에서는 이미 사대동私大同* 이 나타나고 있었다. 임진왜란 같은

* 책정된 공물을 마련하기 위해 지방 군현에서 자율적으로 쌀 등을 징수하던 일종의 자구제도였다. 대동법 시행이 늦었던 충청·전라·경상도 지역에는 사대동이 확산되어 공물의 전세화를 촉진하고 있었다.

비상 시기에도 대공수미가 일시 시행되었다. 그 결과가 1608년(광해군 즉위)에 경기도의 대동법 실시로 나타났다. 1620년(광해군 12)에는 황해도와 평안도에 수미법收米法이 시행되었다. 사대동도 확산되는 추세였다. 그러나 삼남(충청도·전라도·경상도)의 시행을 앞두고는 여전히 논란을 거듭했다.

대동법의 시행이 지지부진하고, 논란만 무성했던 데에는 상대적으로 손해보는 집단이 존재했기 때문이었다. 새 세법은 토지를 단위로 부과하는 것이었기에 토지를 많이 소유한 양반이나 부호富戶는 반발하지 않을 수 없었다. 방납防納 등으로 부당한 이득을 취했던 서리胥吏와 그들과 이익을 공유했던 관료들도 문제였다. 시행 과정에도 애로가 있었다. 토지를 파악하는 양전量田을 먼저 할 것인지가 가장 큰 문제였고, 새 세금을 얼만큼 정할 것인지, 지방의 특수성을 고려해 무엇으로 정할 것인지 등 세밀하게 들어가면 수많은 난제가 도사렸다. 당시 유난히 빈발했던 자연재해 또한 시행 연기의 좋은 빌미였다.

인조반정 이후 개혁 분위기 속에서 이원익과 조익 등은 대동법의 확

1659년(효종 10) 대동법 시행을 기념해 세운 〈대동법시행기념비〉(경기도 평택시 소사동 소재).
원이름은 〈김육대동균역만세불망비金堉大同均役萬世不忘碑〉다.

대 시행을 주장했고 1623년(인조 1)에 강원도, 충청도, 전라도에 대동법이 시행되었다. 그러나 대읍大邑과 호민豪民이 반대했고 세부 규정의 미비로 오히려 원성이 일었다. 최명길 등 공신들은 양전의 우선 실시, 호패법을 통한 국가 세수稅收의 증대를 내세우며 대동법 연기 혹은 반대를 들고 나왔다. 김장생과 같은 산림도 그 점에서는 동의했다. 결국 1625년에 충청도와 전라도에서 대동법이 폐지되었다.

효종이 즉위하자 김육은 이원익과 조익의 뒤를 이어 대동법의 필요성을 역설하고 나섰다. 1634년(인조 12) 삼남에 양전이 실시되어 기반이 조성되었다. 경기·강원도 등에서 대동법의 효과가 나타나기 시작했고, 삼남에서 사대동이 확산되는 등 분위기는 무르익었다. 공신계가 퇴조했던 것도 정치적으로 우호적인 환경이었다. 70의 나이로 우의정에 오른 김육은 충청도와 전라도의 대동법 실현을 정력적으로 추진했다. 하지만 마지막 난관이 있었으니 바로 김집을 중심으로 한 산림의 반대였다.

효종 초반에 대로大老로 불렸던 김집이 대동법을 반대하자, 김상헌이 김집을 지지하고 나섰다. 70세가 넘은 노재상 김육과, 80세 전후의 두 대로는 안민安民의 대의에는 공감했지만 구체적인 방략에서는 다른 길을 갔다. 김집은 김육이 변법變法에 치중해 공리功利만 추구한다고 비판했고, 김육은 김집이 덕망만 높았지 실질에 어두운 것을 우려했다. 학계와 정계에서 서인의 지도자로 활동하며 수십년간 쌓았던 우정에 금이 갔으며, 그들을 중심으로 정치 그룹마저 생겨나 김육·신면을 중심으로 한 한당*과 김집·김상헌을 중심으로 한 산당이 형성되었다.

여기서 의문이 하나 생긴다. 이이 학맥의 적자를 자부하는 김집 등이 오히려 대동법의 연기를 주장한 장면이다. 이이의 뜻을 따른다면 그들이야말로 대동법의 화신이 되어야 하지 않은가? 김집은 대동법 자체에

* 한당은 김육의 집이 한강 인근(남산 회현동)에 있다 해서 붙여졌다. 김육과 신면이 중심이었는데, 김집에서 송시열로 이어지는 호서 사림과 비교해 볼 때, 인척으로 맺어졌으며 서울의 학문 전통이 강했고 실무 중시형 관료의 결집이라는 성격이 강했다. 그 그룹은 김육의 아들 김좌명·우명 형제, 손자 김석주로 이어졌는데 이들은 '한서漢西'라고도 불렸으며, 현종에서 숙종 초에 이르기까지 송시열 등과 갈등했다. 이 시기에는 왕실의 외척으로서 근왕勤王적 속성 또한 강하게 나타났다.

는 반대하지 않았다. 그러나 시행에 따른 부정적 효과가 많을 것이기에 오히려 민생을 해친다는 입장이었다. 덕성으로 인한 교화라는 이상적 원칙을 강조하다 보니 제도 개선은 상대적으로 소홀해진 것이다. 오히려 대동법 실현에서 이이의 뜻을 내세운 이는 김육이었으니, 김집은 사조師祖 이이의 면모 한 가지를 놓친 것은 아닐런지. 결과적으로 김집의 주장은 대동법 시행을 어렵게 하고, 대토지 소유자에 대한 옹호로 귀결됐다는 사실을 엄중히 새겨둘 일이다.

충청도의 대동법은 이내 효과가 드러났고, 이에 힘입어 김육은 전라도로 확대하자고 나섰다. 전라도에는 1658년(효종 9) 해안 고을에 실현되었는데, 김육은 그 실현을 앞에 두고 눈을 감았다. 당시 김집의 뒤를 이어 서인 산림을 대표한 송시열은 대동법을 옹호하며 스승 김집의 오류를 인정했다.

복리와 실용 우선의 개혁책

김육은 대동법 외에도 다방면에서 민생의 복리를 위해 노력했다. 병

농업에 사용된 각종 수차들. 김육은 대동법 외에도 농업 생산성을 높이기 위한 수차 제조와 보급에 힘썼다. 그가 내놓은 각종 정책들은 조선 후기 사회 경제에 막대한 영향을 끼친다.

자호란 직후인 1638년(인조 16)에 충청도 관찰사로 재직했던 그는 《구황촬요救荒撮要》와 《벽온방辟瘟方》을 합하여 《구황벽온방救荒辟瘟方》으로 간행했다. 《구황촬요》는 기아에 대한 대처법을 다룬 책으로 세종대에 편찬된 《구황벽곡방救荒辟穀方》을 1554년(명종 9)에 간추려 간행한 것이다. 《벽온방》은 돌림병[瘟疫]에 대한 대처법을 다룬 책으로 역시 세종대 편찬된 이래 여러 차례 중수되었다. 두 책의 합간合刊은 기근과 돌림병이 서로 연관되어 악순환하는 문제임을 통찰한 결과였다. 그는 먼저 충청도의 여러 고을에 내려 보냈고, 이어 "간행은 조금의 공력을 허비하는 데 불과하지만, 혹 이 책을 보고 죽음에서 살아나는 자가 있을 것"
이라며 조정에 올려 다른 도의 간행도 청했다.

김육의 실용적 개혁책은 그 밖에도 광범위했다. 수차水車를 보급하고
수레를 사용하자는 주장은 생산력을 높이는 정책이었고, 은광을 개발하
고 점포를 설치해 상공업을 진흥시키자는 주장은 민부民富와 국부國富를
동시에 충족하는 정책이었다. 나아가 개성처럼 상업화가 진전된 도시를
중심으로 화폐를 유통하고 그 효과가 나타나면 전국으로 확대하자고 건
의했다. 실제 김육은 마당에 가마를 앉히고 화폐와 활자 제조를 끊임없
이 실험했다고 한다. 활자제조는 가문의 전통이 되어 아들, 손자가 무신
자戊申字, 한구자韓構字란 뛰어난 민간 활자를 만들기도 했다.

김육이 제시한 시책은 후대에 대부분 실현되었다. 시대를 선도할 수
있었던 그의 저력은 민생을 중심에 놓고 이념과 실질을 적절히 운용했
던 데 있었다. 시헌력時憲曆수용을 주도했던 모습이 명쾌한 일례였다.

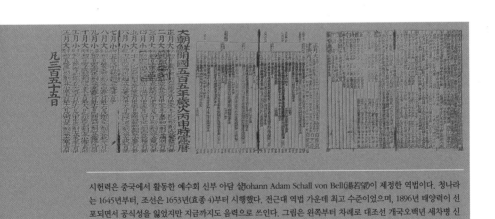

시헌력은 중국에서 활동한 예수회 신부 아담 샬Johann Adam Schall von Bell(湯若望)이 제정한 역법이다. 청나라
는 1645년부터, 조선은 1653년(효종 4)부터 시행했다. 전근대 역법 가운데 최고 수준이었으며, 1896년 태양력이 선
포되면서 공식성을 잃었지만 지금까지도 음력으로 쓰인다. 그림은 왼쪽부터 차례로 대조선 개국오백년 세차병 신
시헌력(1896)의 첫 장, 정월, 마지막 장.

시헌력은 서학西學의 산물이었고 청나라의 공식 역법이었으므로, 당시 분위기에서 쉽게 채택하기 어려웠다. 그런데 그는 책력(冊曆, 역법)을 고쳐야 할 시기에 서양의 책력을 접한 것은 다행이라며, 새 책력이 우수하다면 당연히 옛 것을 버리고 새 것을 만들어야 한다면서 청에 역관曆官을 보내 배워오게 했다. 시헌력은 곧 채택되어 19세기 후반까지 공식 역법으로 기능했다.

바라는 바는 민생이니 구름 잡는 글을 숭상하고 싶지 않다

김육의 민생 중심 논리는 위민爲民을 추구하는 유학의 본령을 실현하는 것이었기에 누구도 이의를 달지 않았다. 다만 제도 개선을 통해 물질적 복리를 증대하는 방법을 두고서는 본말을 전도했다는 비판의 소지가 다분했다. 그 비판에 대한 김육의 대응은 정면 돌파였다.

(성현의 법은) 오로지 백성들에게 은택이 돌아가게 하는 것일 뿐이다. (세상의 학자들은) 모두 서책에 실린 것들을 주워 담아서는 '성의誠意하고 정심正心하면 천하와 국가는 잘 다스려질 것이다' 라고 입에 올리기만 한다. 그러면서 실무에 여념 없는 자들을 공리功利를 추구한다고 비웃는다. …… 이것이 어찌 마음을 합하여 나라를 위하는 도리인가. 나는 어리석고 생각이 얕아 학문이 어떠한 것인지 잘 모른다. 다만 바라는 바는 마음을 바르게 가지고 일처리를 실질적으로 하는 것이니 절약하여 백성을 아끼고 부역과 세금을 줄이는 것이다. (나는) 공허하고 멀리 있

〈잠곡 김문정공 소상小像〉(김종구 소장). 현재 숙종의 어제찬御製贊이 있으나, 이 그림에는 원래 자신이 지은 글이 있었던 듯하다. 그 글은 "홀로 외로운 큰 솔 아래, 학창의에 오건烏巾 쓴 노인네 있네. 이 풍진 세상에는 여한이 많아서, 그림 속의 모습과는 같지 않다네(〈題寫眞小軸〉 獨立長松下, 烏巾鶴 翁, 風塵多少恨, 不與畫相同)"다.

는 것을 추구하여 뜬 구름과 같은 글은 숭상하고 싶지 않다(김육, 《잠곡유고》 9권, 〈호서대동절목의 서문湖西大同節目序〉).

　말 많았던 충청도 대동법 시행 절목節目에 붙인 글인데, 자신을 향한 비판에 재비판의 강도가 퍽이나 높다. '성의'와 '정심'은 《대학大學》의 8조목* 가운데 전반에 해당하며 수신修身과 치국평천하治國平天下의 전제다. 성의와 정심에 기초한 수신을 치국 앞에 둔 것은 위민爲民은 개인의 내면 덕성에 기초해야 함을 강조한 것이지, 행동을 뒷전에 돌리란 소리가 아니었다. 실용에 능하면서 덕성을 외면하거나, 천리라는 고원한 경지를 깨닫는 데 급급해 인의의 실천을 망각하는 일 모두 본말이 전도된 것이다. 지知와 행行, 수신과 실천은 무엇이 먼저랄 것 없는 병행 차원의 일이었다.

*《대학》은 원래 《예기禮記》의 일편이었으나 군주의 수신修身을 위한 글로 일찍부터 주목받았다. 주자는 이를 사서四書의 반열에 올려놓았다. 8조목은 격물格物, 치지致知, 성의誠意, 정심正心, 수신修身, 제가齊家, 치국治國, 평천하平天下이니, 학문의 방법과 목적을 밝힌 강령과도 같다.

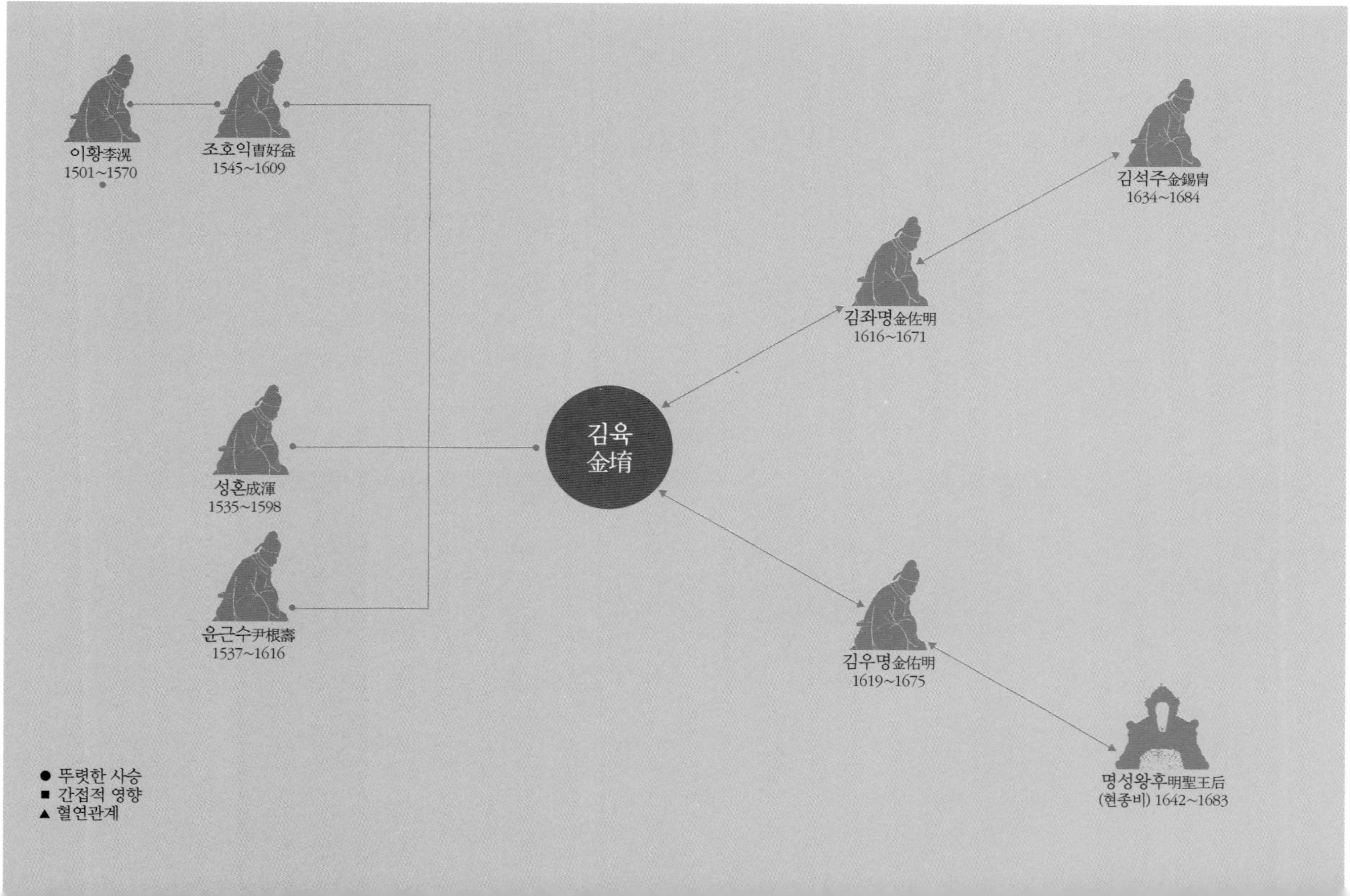

김육
金堉

조호익曹好益
1545~1609

이황李滉
1501~1570

성혼成渾
1535~1598

윤근수尹根壽
1537~1616

김좌명金佐明
1616~1671

김석주金錫冑
1634~1684

김우명金佑明
1619~1675

명성왕후明聖王后
(현종비) 1642~1683

● 투철한 사승
■ 간접적 영향
▲ 혈연관계

그렇다면 김육은 공리주의자라기보단 유학의 또 하나의 얼굴, 경세제민經世濟民을 강조한 실천가라 할 수 있다. 그가 추구한 노선은 민생을 중시하되 종從으로 놓는 성리학자나, 민생을 말하되 부국의 수단으로 여기는 국왕 및 공신과 달랐던 국가 운영의 또 하나의 길이었다. 그를 평가하는 길은 인仁에 기초한 행동을 얼마나 올곧게 실천했는가일 터이니, 그 기준은 오늘날에도 여전히 유효하지 않을까.

호병모胡炳模가 그린 〈김육 초상〉(김종구 소장).

김장생·김집   김 육   장 유   송시열

조선의 세법과 대동법 大同法

조선의 세금은 크게 보아 전세田稅, 공납貢納, 군역軍役이었다. 전세는 논밭에 부과하는 토지세다. 전세의 기본틀은 세종대에 마련했는데, 광범위한 여론 조사와 10여 년간의 검토 끝에 마련한 공법貢法이 그것이었다. 공법은 풍흉豊凶에 따른 연분年分 9등, 토지 비옥도에 따른 전분田分 6등으로 세금을 걷는 방법이었다. 공법에 따르면 1결結(대략 3,000~12,000평)에서 거두는 세금은 4~20말[斗] 정도였다. 당시 1결에서 80~400말 정도를 수확했으니 대략 5%의 세율이었다. 그러나 실제 운영이 복잡해 16세기부터는 풍흉에 관계없이 4~6말을 거두는 것이 관행이 되었고, 그것이 조선 후기에 영정법永定法으로 법제화되었다. 세율이 하한 단위로 고정된 것은 얼핏 좋게 보일지 모르나 국가 재정 총액의 감소였고, 또 대토지 소유자에게 유리했기 때문에 좋은 결과가 나올 리 없었다.

16세기에 접어들어 국가 재정이 적자를 면치 못하자 정부는 세금에서 공납貢納의 비중을 크게 늘렸다. 공납은 호戶 단위로 현물을 바치는 세금이었기에 대토지 소유가 많은 지배층의 저항이 적었다. 공납의 증액이 일반인에게 부담이 된 것도 문제였지만, 납부를 둘러싼 부정 또한 크나큰 사회 문제였다. 대표적인 것이 납부를 대행하고 중간이득을 취하는 이른바 방납防納이었다. 심지어 납부한 물품을 고의로 퇴짜 놓고 납세자에게 몇 배의 부당 이득을 챙길 수도 있었다. 현물이란 것이 일정하게 나는 물건이 아니고 또 가치를 매기기가 애매하므로, 방납의 출현은 본디 현물 납부라는 제도의 산물이었다.

해결책은 먼 데 있지 않았다. 다양한 현물을 쌀과 같은 단일 품목으로 바꾸고, 부과 기준을 토지로 정하면 될 일이었다. 즉 전세와 공납을 토지 기준으로 일원화하는 것이었다. 그것이 대동법이다. 그 내용은 현물 대신 1결당 12말의 쌀이나 포를 바치는 것이다. 현물을 화폐 혹은 화폐 기능을 하는 물품으로 바꾸는 일은 세금의 화폐로의 일원화라는 사회 발전의 보편적 현상이기도 했다. 그렇게 된다면 백성은 생업에만 종사할 수 있고, 정부는 재정 규모를 안정적으로 책정하고 집행할 수 있으며 물품 조달을 전담하는 상공

업자들도 생겨나니, 요즘말로 윈윈win-win이라 할 수 있었다.

대동법의 시행으로 조선 전기의 전세·공물·군역의 세금체계는 대동을 포함한 전세 그리고 군역과 환곡의 삼정三政으로 전환되었다.

16세기에는 공납의 개선이 워낙 시급했기에 상대적으로 눈에 띄지 않았지만, 군역의 조정도 시급한 문제였다. 조선의 군대 운영은 원칙상 양인개병良人皆兵이었는데 현실적으로 모두 군인살이를 할 수 없어 점차 장정들은 군포軍布로 무명 2필을 부담하기 시작했다. 사실상 모병제募兵制로 바뀌기 시작한 것이다. 군포는 군적軍籍을 대상으로 부과했는데 현실에서는 인구 변동이 군포 개정에 잘 반영되지 않았기에 국가에서는 총액으로 군포를 매겼다. 따라서 군적에 당연히 없어야 할 이들, 예컨대 어린이와 사망자까지 군적에 올려 군포를 매기는 황구첨정黃口添丁, 백골징포白骨徵布 등의 폐단이 항상적으로 일어났다. 또 사족士族은 법제상 양인이었지만 군포를 바치지 않는 것이 관례가 되었기에 조세불균의 문제가 더해졌다.

대동법으로 전세와 공물을 단일화한 이후의 시급한 현안은 군역의 불균등을 해소하는 일이었다. 근본적인 개혁은 양인의 군포 부담을 줄이면서도 세액을 확보하는 방법이었다. 이에 사족에게도 군포를 받자는 주장이 대두했는데 그것이 호포법戶布法이었다. 영조대 제정한 균역법은 호포의 정신을 살린 것으로, 양인들의 군포를 감해주는 대신 일부 양반에게 군포를 거둔 일종의 절충책이었다.

　마지막으로 지적할 수 있는 것은 환곡이다. 환곡은 봄에 빌려주고 가을에 거두는 복지정책에서 출발했지만, 이자를 거두어 재정을 충당했기 때문에 16세기 후반부터는 준조세가 되었다. 환곡 운영에서도 수많은 부정과 비리가 자행되었는데, 그 대안이 지방 자율로 환곡을 운영하는 사창社倉이었다. 사창은 조선 초기에 부분 실시되었다가 혁파된 뒤 논의만 줄기차게 일어났다. 환곡은 19세기 중반에 전세田稅가 되었다가, 대원군 집권기에 사창이 전국적으로 실시되었다.

비주류의 꿈을 꾼 주류인

장유張維

자字 지국持國, 호號 계곡溪谷, 본관本貫 덕수德水
1587(선조 20) 평안도 선천에서 태어남. 1601(선조 34) 15세 윤근수, 김장생에게 문장과 예학을 배움.
1602(선조 35) 16세 김상용에게 고문古文을 배움. 1609(광해군 원년) 23세 문과 급제. 1612(광해군 4)
26세 김직재 무옥誣獄에 연루되어 파직. 1623(인조 원년) 37세 인조반정에 참여하여 정사공신 2등에
봉해짐. 1624(인조 2) 38세 이괄의 난 때의 공으로 신풍군新豊君에 봉해짐. 1628(인조 6) 42세 홍문관
대제학 등 역임. 1631(인조 9) 45세 딸이 봉림대군(효종)에게 출가. 정원군(원종) 추숭에 반대. 1632(인
조 10) 46세 《계곡만필谿谷漫筆》 저술. 1636(인조 14) 50세 병자호란 때 최명길 등과 함께 강화 주장.
1638(인조 16) 52세 〈삼전도비문三田渡碑文〉을 지어바침. 이경석의 비문이 채택됨. 우의정이 제수되었
으나 끝내 사직함. 3월에 별세.

계곡溪谷 장유張維는 1587년(선조 20)에 태어나 1638년(인조 16)에 52세로 삶을 마쳤다. 부친 장운익은 서인계 인물로 37세에 형조판서에 오른 재사才士였지만, 임진왜란 때 과로로 숨졌다. 장유는 젊은 시절에 윤근수·김장생·김상용 등에게 배웠고, 23세에 문과에 급제해 관직에 올랐다. 광해군대 중반에 파직되었다가, 인조반정의 주역으로 참가해 정사공신 2등에 봉해졌다.

인조대에는 두루 요직을 겸했는데, 원종추숭元宗追崇 논쟁에서 비판을 받고 벼슬에서 물러나기도 했다. 그는 인조의 생부인 정원군을 추숭해 종묘에 모시는 일에는 반대했지만, 따로 사묘私廟를 두어 모실 수 있다는 절충 논리를 폈다. 결과는? 반대론과 찬성론 양쪽의 공격이었다.

병자호란 중에는 최명길과 함께 강화를 주장했고, 전란이 끝났을 때 모친의 상중임에도 〈삼전도비문三田渡碑文〉을 작성했다. 이경석이 지은 비문이 최종적으로 채택되었기에 그의 비문은 선택되지 않았지만, 비문을 작성했단 사실은 강화를 주장한 일과 함께 후세의 비판거리였다. 한편 그의 딸은 봉림대군(효종)에게 출가해 훗날 인선왕후仁宣王后에 봉해졌으니 영광은 비판을 상쇄하고도 남았다.

장유의 이력을 간단히 소개한 것은 본문에서는 따로 설명할 여유가 없을 듯해서다. 원종추숭 논쟁에서 절충적 예법을 주장하고, 청과의 화의를 주장한 정치가로서의 경력도 흥미롭다. 하지만 사상과 문학에서 이룬 성취야말로 그의 명성을 현재에도 불후不朽하게 만드는 저력이다. 장유는 주자학 일변도의 학문 풍토에 반발하고 유儒·불佛·도道를 넘나들었던 자유로운 사상가이자, 양명학의 선구자로 주목받았다.

문학적 성취는 더욱 뛰어났다. 장유는 선조에서 인조대 고문古文운동을 주도한 사대가四大家*의 일원이었다. 또 그가 "시詩는 천기天機다"라고 제창한 이래, 천기는 문단의 화두가 되었다.

삼교三敎를 넘나드는 꿈을 꾸다

유교는 의리를 밝혔고,
노자老子는 말없는 현묘함을 숭상했네.
서방의 불교는,
허무와 적멸寂滅에 기울었다네.
대도大道는 하나인데, 어찌,
여러 말들이 서로 대립하는가.
......

주희朱熹는 넓게 보며 진리 찾았고,
육상산陸象山*은 바로 찾고자 했네.
똑같이 공맹을 스승 삼았는데, 어찌,
도달하는 길은 제각각인가.

* 육상산은 남송의 성리학자 육구연陸九淵이다. 주희와 교유했지만, 학문에서는 직관과 실천을 통한 깨달음을 강조하여, 정밀한 사유思惟를 통한 깨달음을 강조한 주희와 논쟁했다. 그의 사상은 명明의 왕양명王陽明이 계승, 발전시켰다. 그래서 양명학을 육왕학陸王學이라고도 한다.

(장유, 《계곡집谿谷集》 1권, 〈속 하늘에 묻는다續天問〉)

옛 글을 접하다 보면 위대한 사상들의 핵심을 비교해 서술한 시와 글을 많이 만날 수 있다. 그런 글은 대부분 주자학의 우위를 결론으로 내린다. 하지만 이 시의 인상은 좀 다르다. 답을 정해놓고 여타 이론을 공박하기보다는, 다른 길 다른 사상을 동등한 반열에 올려놓고 진지하게 답을 구하고 있다.

장유는, 2000년을 앞서 살았던 초나라 굴원屈原(BC343~BC277?)의 〈천문天問〉을 본따 이 시를 지었다. 모략에 쫓겨 끝내 멱라수에 몸을 던졌던 굴원이 하늘을 향해 외쳤던 절절함이 묻어났던가. 장유 역시 불가해不可解한 세상사를 끝없이 물었다. 만물萬物의 조화, 인간의 운명, 시비是非와 화복禍福 등. 거칠 것 없는 물음 앞에는 성현도 예외일 수 없었다. 대도大道는 하나인데 유교·불교·도교는 무엇이고, 주자학과 양명학은 또 무엇인가. 큰 진리에서 본다면 성현들이 제시해 놓은 길조차도 하찮을지 모른다. 그게 장유의 생각이었다.

장유는 유불선을 넘나드는 꿈을 꾸고 있었다. 내 안에 존재한 밝고 밝은 성품을 믿어 불교의 공空과 도교의 무無를 뛰어넘고, 모든 차별이 사라진 성인의 경지에서 소요逍遙하려 했다.

일찍이 장유는 삼천 제자가 공자를 받드는 장면, 남곽자기南郭子綦가 궤안에 기대 앉은 장면, 일천불一千佛이 비로자나불毗盧遮那佛을 둘러싼 장면을 그린 병풍을 만들려 했다.* 공자와 남곽자기와 비로자나불이 한 병풍에 들어 있다! 그림은 끝내 그려지지 않았고 글만 남았으나, 만약 그림이 완성되었다면 삼교의 이상적

* 남곽자기는 '하늘과 인간의 하나됨[天人合一]', '인간과 자연의 차별이 없어짐[人物同化]'을 실현한 도가의 이상적인 인물이다(《장자》〈제물론齊物論〉). 비로자나불(대일여래)은 불법의 진리를 형상화한 법신불法身佛이다.

윤 휴   유형원   이현일   남구만   김창협·김창흡

076
077

인물이 모여 앉은 한국 미술사의 독특하고 희귀한 작품이 되었으리라.

다양한 사상을 편력한 장유였지만, 타고난 기질은 도가와 가장 가까웠던 듯하다. 그는 본디 노자와 장자의 '오묘하고 그윽함[玄虛]'을 가장 좋아했다고 한다. 그는 일찍이 맹자와 장자가 논변하는 모습을 가정하기도 했다. 장유의 문집《계곡집》3권에 전하는 〈맹자와 장자의 논변을 가정함 設孟莊論辯〉이 그것이다. 글의 내용은 서책《맹자》와《장자》를 반추하는 수준이기에 내용상 심오하지는 않다. 다만 재미있는 대목은 끝맺음이다.

논박을 마친 맹자에게 장자는 한참 침묵하다가 "도道가 같지 않아 함께 할 수 없으니, 선생은 그냥 가시오, 내 일을 방해하지 말고" 하고는 마쳐버렸다. 장자의 거절은《장자》〈천지天地〉편에 나오는 말인데, 본편에서는 밭일하는 노인에게 이 말을 들은 자공子貢(공자의 제자)이 넋을 잃었다가 30리를 가서야 제정신이 들었다고 되어 있다. 장유가 그 장면까지 연상해서 서술했는지는 알 수 없다. 그러나 어쨌든, 장유의 글에서 장황한 논변을 펼쳤던 맹자 또한 그 말을 들었으니 참 무색해지지 않았겠는가. 장유는 이 글

유불선儒佛仙의 중요 인물을 함께 그린 삼교도三敎圖는 동양화의 주제 중 하나였다. 왼쪽 위는 일본 다이코 죠세쓰大巧如拙 (14~15세기)가 그린 〈삼교도〉이고 왼쪽 아래는 미국 보스턴 예술박물관이 소장한 〈삼교도〉다. 우리나라에는 거의 전하는 작품이 없는데, 오른쪽 이인문李寅文이 그린 〈십우도十友圖〉에 대사, 도인, 문인이 어울린 장면이 보인다.

은 한 번 익살을 떨어본 것에 불과하고, 자신의 본뜻은 도가를 억누르고 유가를 세우려는 것이었다는 뒷글을 붙이긴 했다. 하지만 익살스런 끝 맺음 속에 도교와 유교를 동등하게 보고 서로의 가치를 존중하려는 평소 생각을 내비친 것은 아닐는지.

주자학 일변도에 대한 애정어린 비판

변명투의 뒷글을 굳이 남겼던 데서 미루어 알 수 있듯이, 당대에는 장유를 보는 곱지 않은 시선이 있었다. 사대가로 문명文名을 함께 날렸던 택당澤堂 이식李植 역시 그를 공공연히 비판했다. 장유의 문집에는 자서를 포함해 박이·이명한·김상헌·이식이 쓴 서문까지 총 다섯 편이 실려있는데 대개 문학 방면의 성취에만 집중했으니, 당대에 그의 사상이 '뜨거운 감자'였음은 확실하다.

장유는 그러한 시선에 전면적으로 저항하지는 않았지만, 주자학만으로 줄을 세우는 당대의 풍조에 대한 비판만은 분명히 했다.

중국의 학술은 여러 갈래여서 정학正學(유가)·선학禪學(불가)·단학丹學(도가)이 있는가 하면, 정주程朱(정자와 주자)를 공부하는 사람도 있고, 육씨陸氏(육상산)를 공부하는 사람도 있다. 학문의 길이 한결같지 않건만, 우리나라에서는 유식한 사람이건 무식한 사람이건 책 읽는 자들은 모두 정주만 칭송할 뿐이고, 다른 학문이 있다는 소리를 듣지 못했다. 우리나라 선비의 풍습이 중국에 비해 나아서일까? 그렇지 않다. ······ 중국은 때때로 뜻있는 선비들이 나와 실심實心으로 학문에 정진한다. …… 우리나라는 선비들이 국량이 작은데다가 특정한 학술에 얽매여 도무지 큰 뜻이 없다. 그리하여 다만 정주학만이 세상에 귀중한 것이라 여겨 입으로 외며 떠받들고 있을 뿐이다(장유, 《계곡만필》 1권).

이 대목은 조선의 학문 풍토에 가한 통렬한 비판과 반성으로서 주목받아 현대의 개설서나 논문에서도 자주 인용되고 있다. 주자학이 수많은 학자들의 마음을 사로잡고 끝내 국가 운영의 이념이 될 수 있었던 것은 시대를 앞선 진보성과 논리의 완결성에서 비롯된 것이다. 그러나 사상이 왕좌에 오르고 직간접적인 이익이 곁들어 따라오면, 애초의 고민과 발랄함을 잃어버리기 쉽다.

주자학은 주희 생존 당시에는 '거짓된 학문[僞學]'으로 비판까지 받았지만, 원元나라에서 주자가 집주集注한 사서를 과거 시험의 기본 교재로 사용하면서 관학官學으로서의 지위를 차지했다. 그 지위는 명, 청, 조선에서도 흔들림이 없었다. 주자학의 이상 실현을 강렬하게 추구했던 조선 후기에도 그 권위는 점차 높아질 수밖에 없었다. 그때야말로 장유의 말대로, 애초의 진실함을 회복하자는 쓴소리가 오히려 비상한 약이 될 터였다. 기성의 권위를 벗겨내는 일이야말로 박제되어 가는 주자학을 되살리는 바른 길이 아니겠는가. 장유의 비판은 계속 이어진다.

그런 까닭에 이른바 잡학雜學이라는 것조차 나올 여지가 없으니 또한 어떻게 정학正學에 소득이 있기를 기대할 것인가. 비유하자면, 땅을 개간하고 나서 씨를 뿌려야만 이삭이 패고 열매를 맺을 것이요, 그런 뒤에야 오곡五穀과 쭉정이를 구

漫筆自叙

人未可無所用心亦不能無所用心謂博奕猶賢
乎已此夫子警夫惰游者然亦有有爲不如無爲
遠頑人自不能爾余自幼拙無它技惟嗜讀書
著文爲本業則平居捨是宜無所用其心也數年
來有幽憂之病杜門謝事況淹於藥餌延炳之中
此斯時也惟當栖心澹泊以葆光庶幾不悖於
養性衛生之經矢習氣所薰不得頓除雖未嘗專
思結撰伏枕呻吟之暇時指筆草小說瑣聞縱
有一二發明者餘食贅行道聽塗說皆歸於德之
棄矣此亦不可已者耶雖謂之枉用其心可也業
已爲之不忍棄捐遂錄爲一通曰自志其過乙亥
正陽之月谿谷病夫題

谿谷漫筆卷之一

世人多言日本有全經未經秦火者蓋徐福入海
時所帶去也其說甚無據而考其原蓋出於歐
陽公也歐公日本刀歌曰傳聞其國居大海中
壤沃饒風俗好前朝貢獻屢徃來士人徃徃工
詞藥徐福行時書未焚逸書百篇今尚存令嚴
不許傳中國舉世無人識古文先王大典藏夷
貊蒼波浩蕩無通津令人感激坐流涕碰碰短
刀何足云 按史記徐市裝童男女入海求仙在
始皇二十八年至三十四年始有焚書之令及
三十七年始皇恐怖海上至琅邪方士徐市等
入海求神藥數歲不得費多恐譴乃詐曰常爲
大鮫魚所苦請善射與俱見則以連弩射之乃
令入海者齎捕巨魚具是歲始皇崩秦因以亂
徐市之初入海雖在未焚書之前自三十七年
入海之後不復見於史蓋市之一去不返盖
於是歲矣然則所謂徐福行時書未焚者無乃
考之未詳耶況徐市特一方士也入海不返
知秦之將亂自爲避世計耳豈能耆卷於六經
者耶誤令日本果有之彼將誇衒之不暇何至

장유가 저술한 《계곡만필》은 철학과 문학 등에 대한 명징한 단상과 남초(담배)에 대한 기록 등이 담겨 있어 일찍부터 주목받았다.

별해 낼 수 있는 것과 같다고 할 것이다. 눈에 보이는 것이라곤 말라 비틀어진 땅덩어리뿐인데 거기서 무엇을 오곡이라 하고 무엇을 쭉정이라 할 수 있겠는가.

주자학은 온실 속의 화초가 아니라 다른 사상과의 진지한 씨름을 통해 내성을 기를 일이었다. 학문 외적인 권위는 학문을 내부에서 좀먹는 부메랑이 될 터이니, 여러 사상 사이의 출발선은 여전히 동일해야 했다. 비판의 행간에는 애정어린 충고가 깔려있는 것이다.

비주류의 다양한 사상을 섭렵하면서 주자학에 대한 애정어린 비판을 아끼지 않는다? 그럼 장유는 주자학을 일탈한 사람인가.

장유는 일탈자인가?

장유의 흥미로운 정신세계를 알기 위해서 주변부터 차근차근 정리해 보자. 먼저 스승들이다. 그는 이항복 · 김장생 · 김상용 · 이수광 · 윤근수 등의 제자였다. 오성대감으로 유명한 이항복은 유능한 관료였고, 김장생은 이이를 잇는 서인의 대학자였다. 김상용은 척화파를 이끌었던 김상헌의 형으로 장유의 장인이기도 했는데, 병자호란 때 강화도에서 분사焚死했다. 이수광은 박학博學으로 유명했고, 윤근수는 고문古文운동에 불을 지핀 문장가였다. 개성이 강한 여러 스승에게서 다양하게 영향받았음은 불문가지다. 특히 김장생을 제외하고는 모두 고위 관료를 역임했으니 관인官人의 학문 경향을 지녔다는 점 또한 지적할 수 있다. 관인은 젊어서 과거 준비에 몰두하고 합격한 후에는 실무를 위한 문장과 현실 문제로 씨름한다. 학문은 자연스럽게 실용적 경향을 띠게 되므로 이념적으로 유연해진다.

하지만 이런 지적도 가능하다. 스승이 많다는 것은 절대적인 스승이 없고 특정한 학파에 귀속하지 않았다는 의미다. 장유가 살았던 시대에는 그같은 경향이 여전히 강했다. 말하자면 정파와 학파 사이의 연계가 아직 미약했었다. 이 점이 '장유 스타일'을 독해하는 주요한 코드다. 예컨대 장유를 양명학자, 탈주자주의자, 일탈적 사고의 소유자라 보는 현대의 평가를 떠올려보자. 주자학에서 일탈했다는 평가는 주자학이 이미 '확고한 주류'가 되었다는 전제를 깔기 십상이다. 하지만 당시에 주자학을 전일적으로 표방하는 학파는 여전히 형성 중이었다. 따라서 그 시대의 큰 고민은 다양한 지적 편력을 통해 제반 흐름을 주자학으로 귀결시킬 수 있는가가 큰 고민이었다. 그 과정을 좀더 차근차근 짚어보자.

주자학은 북송北宋 때 주돈이周敦頤(1027~1073)를 비롯한 소옹邵雍·장재張載와 정호程顥·정이程頤 형제 등에게서 기원한다. 그들은 기존 한漢·당唐 유학에 부재했던 형이상形而上의 영역, 즉 우주론을 인간 본성에 연결해 인성론人性論을 새로이 구축하고 사회사상으로까지 확대했다. 그들의 작업은 그때까지 형이상학을 대표했던 불교나 도교에 대한 대항 이론을 세우는 과정이도 했는데, 아이러니하게도 불교나 도교의 개념과 사유방식을 적극 수용하기도 하였다. 그들의 성리性理에 대한 제반 학설을 한 가마니에 넣어 전체계全體系로 구성한 이가 주희朱熹(1130~1200) 곧 주자였다. 주희의 작업은 성리학의 완결이었고, 주자의 학문 곧 주자학은 성리학을 대표하는 보통명사가 되었다.

그 과정은 조선에서도 비슷했다. 성리학의 방대한 이론과 여러 경향이 깊이 음미되고 온축蘊蓄한 성과가 나오는 시기는 16세기 중반 이후였는데, 조선의 지식인들 역시 다양한 사상을 여행하며 가능성을 실험했다. 장유가 살았던 선조대에서 인조대가 바로 그런 시기였다. 임진왜란과 병자호란은 모색의 치열함을 더욱 부채질하는 외부 조건이었다. 조선의 현실을 반영한 성리학 혹은 주자학은 그 용광로를 거친 후에 나올 수 있었다. 장재가 주장했던 기氣 철학, 소옹의 상수학象數學, 노장사상 그리고 양명학까지 조선의 학인들은 관심을 기울였다. 어떤 이들은 내면의 덕성보다 법제를 중시했고, 어떤 이들은 무의지의 자연을 강조하기도 했으며, 어떤 이들은 명절名節보다는 시세時勢를 중시했다. 서경덕의 기철학, 퇴계-율곡 학파의 사단칠정四端七情 논쟁, 광해군대 북인의 법가적 경향 등이 등장했던 것이다. 그렇다면 장유 또한 삼교와 양명학까지 폭넓게 사유하며 '조선에서 성리학 하기'를 고민했던 부류로 볼 수 있다.

주자학 일변도에 대한 비판, 그리고 장유의 양명학에 대한 비상한 관심을 엮어 장유를 양명학자로 규정했던 통념에 대한 재고는 현재 학계에서 진행 중이다. 기존 양명학사陽明學史의 뼈대는 '양명학에 호의를 가진 이들이 주자학의 대안으로 선택했으나, 내놓고 전개할 수가 없기에 이중 플레이, 즉 양주음왕陽朱陰王했다'는 것이다. 19세기 후반 이후 양명학이 부상하면서 성리학을 전면 비판했던 것은 사실이나, 이전의 어떤 시기에도 그같은 대립항을 설정할 수는 없다. 16세기 후반 일부 학자들의 양명학에 대한 관심은, 양명학이 제기했던 문제제기에 공감

해 그에 대한 이해와 비판을 통해 주자학과의 관계를 정립하려는 목적
이 앞섰기 때문이었다.

장유의 경우라면 양명학을 접하고 논쟁하는 일은 주자학의 내성을
키우는 일이었다고 본다. 따라서 그가 양명학자라는 자각을 지니고 주
자학을 대립적으로 사고했다는 이미지를 투영한다면 억울할 수도 있겠
다. 그는 시대와 불화했다기보다, 비판적 검토를 통해 시대의 요구에
부응하려 한 인물이었기 때문이다.

문학, 생동하는 자연·감성을 담는 그릇

장유는 조선 후기 고문古文부흥의 일원으로서도 주목받았다. 고문운
동은 간단히 설명하면, 한문학의 전범이 되는 텍스트 예컨대 사서오경
四書五經, 《사기史記》와 같은 한대漢代의 역사서, 당시唐詩 등의 창작 정
신을 살려 기성 문학의 형식주의를 타파하는 운동이다. 일종의 문학 정
풍整風이라 할 수 있는데 조선에서는 16세기 후반부터 본격적으로 시

작되었다. 고문파들은 명明의 의고
문파擬古文派*가 내건 문학 정신에
공감하며, 당시 문단의 구태를 비판
하고 나섰다. 장유도 그 대열에 있
었는데, 흥미로운 것은 한발 더 나

* 16세기 명明나라의 이몽양李夢陽, 왕세정王世
貞 등을 중심으로 복고적 문학운동을 주도한 문
인들이다. 이들은 "문文은 반드시 선진先秦(춘추
전국)과 한漢을 본받아야 하고, 시는 반드시 성당
盛唐을 본받아야 한다[文必秦漢, 詩必盛唐]"고
주장해 형식주의에 치우친 문학 풍조에 반대했
다. 하지만 훗날 의고문파 역시 고문의 형식에만
집착한다는 비판을 받았다.

가 의고문 자체의 한계를 지적했다는 점이다. 앞에서 인용한 글만큼이
나 자주 인용되는 글을 소개한다.

요즘 문장의 폐단은 모두 명나라의 여러 대가(의고문파)에게서 생겼다. 그들의 문장이 처음부터 좋지 않았던 것은 아니었는데, 이를 배우는 자들이 근본은 망각한 채 그 말단을 베끼기만 했다. 그림자와 메아리만 좇고는 정수精髓는 얻지 못하여 누구나 천편일률千篇一律이니, 그런 글은 보고 싶지 않다(《계곡만필》1권).

얼핏 보면 명의 의고문파를 비난한 듯하지만, 비판의 초점은 본래의 정신을 망각한 채 형식만을 베끼는 풍조다. 글의 논조가 주자학 일변도의 학풍을 비판할 때와 똑같다. 그저 경전을 외거나 형식만을 표절하는 학계와 문단은 똑같이 비난의 대상이었다. 장유의 염려대로 명의 의고문파는 비판 대상의 전철을 그대로 밟았다. 조선에서도 의고문파의 영향은 일세를 풍미했지만 다음 세대, 예컨대 김창협金昌協이나 박지원朴趾源 등에게 또 다른 형식주의로 비판받았다(김창협·김창흡 편 참조).

형식주의에 대한 비판을 넘어 장유는 '시는 천기天機다', '문학은 진眞 곧 천기天機를 담아야 한다'라고 정의해 창작 정신의 혁신을 꾀하기도 했다. 문학에서 천기를 구현해야 한다는 주장은 장유 이전에도 간간히 있었지만, 본격적으로 정의를 내린 것은 그가 처음이었고 그 의미가 매우 깊다.

천기는 《장자莊子》에서 기원한 말로 천지조화의 오묘함, 생생生生하는 자연의 상태, 그리고 인간이 타고난 천진天眞한 마음에 이르기까지 다양한 의미를 담고 있었다. 아마 이성적으로 세계를 사유하는 철학에서 천리天理라는 용어가 애호된다면, 복잡하고 섬세한 인간의 정서를 표현하는 문학에서는 천기天機라는 용어가 더 적합했는지도 모르겠다. 아무튼 천기가 다양한 의미를 포괄했기에 그 포착 또한 다양하고 섬세해야 한다.

장유와 비슷한 문제의식을 가졌던 동시대인 허균許筠은 타고난 감성을 그대로 표현하자고 주장해 일대 파란을 낳았는데, 그 경우는 매우 급진적이었고 예외적이었다. 그에 비해 장유는 허균처럼 인간의 진솔한 감정 표현을 강조하면서도, '도덕적 정서[本性]'와 수양 또한 강조했다. 곧 천기를 말했지만 그 경우에도 천리天理 곧 인간의 '선한 본성과 적절한 감정[性情之正]'을 겸하여 사용했다. 그는 기성의 문학 이론과 새로운 문제 의식 사이의 조화를 꾀한 셈이다. 그러나 천기의 용례는 후대로 갈수록 인간의 자연스러운 감성, 곧 '타고난 자연스러운 정서[性情之眞]'에 대한 강조로 옮아갔다. 결국 그는 문학의 새로운 가능성을 열었다고 할 만하다. 그 의미는 무엇인가?

〈홍길동전〉(24장 경판본, 연세대학교 중앙도서관 소장) 첫 장. 비범한 재주와 능력을 지닌 홍길동이라는 인물을 통해 서얼 차별과 부패한 사회 정치 등을 비판한 허균의 한글 소설이다. 장유와 동시대인 허균은 문학과 사회 개혁 사상을 급진적으로 표출한 인물이다.

성리학의 전통적 문학관은 이른바 '문이재도文以載道'다. 문학은 도道를 싣는 그릇이니, 성정性情을 바르게 교화하는 도구였고 도리가 세속에서 실현되었는지를 판단하는 지표였다. 따라서 문풍文風의 흥성과 타락은 시세 풍속의 흥성과 타락을 의미했다. 문학은 지금보다 훨씬 우월한 지위에 있었다고 할 수 있지만, 지위는 곧 속박이기도 했다. 문학이 교화의 도구인 한, 엄숙한 도덕주의에 의해 자율성이 침해당할 소지가 상존했기 때문이었다.

천기에 대한 강조는 그러한 도덕 우위의 문학관에 대한 반성이었다. 생동하는 자연과 하늘이 내린 진솔한 감정은 도덕과 선악시비와는 또 다른 차원의 진리였다. 천리는 맹자가 말했던 성선性善의 근원이기도 했지만, 무의지無意志한 자연이란 얼굴 또한 지녔기 때문이었다. 문학이 그것을 천기로 표현한다면 성리학의 개념을 긍정하면서도, 도덕적 가치 판단이란 예봉을 피할 수 있었다. 하지만 그것은 궁극적으론 반기反旗를 내포하기도 했다. 동시대의 허균이나 이후 세대에서 보였던 것처럼 천기에 대한 강조는 순수미의 탐구, 격식에 구애되지 않는 자신의 마음과 정념情念에 대한 긍정, 민간문학이나 통속문학에 대한 긍정 등을 가능하게 했기 때문이었다.

사상에서 주류와 비주류를 차별성 없이 넘나든 것처럼, 장유는 교화적 문학과 새로운 문학정신 사이에서 여러 가능성을 열었다. 기성의 흐름을 비판하며 비주류의 꿈을 꾸었으나, 흐름을 해체하지 않았다는 데서 주류인이었다. 철학이건 문학이건 약점을 보완하려 했으니 주류는 오히려 풍성해질 일이었다.

밝은 지혜, 그 자유로움

장유는 경직화한 학계의 풍토에 저항했고, 형식화한 문학 풍조에 반발했다. 그가 예禮를 절충하고 시세에 적응하여 강화를 주장했던 것도 그런 사고의 연장선일 수 있겠다. 기성의 사고에 변화를 추구하면서 원칙에 적절히 타협함이 그를 관통하는 생각이었다. 거기서 한발만 더 내딛었으면, 동시대 허균처럼 영영 이단아가 되었을지 모른다. 그러나 해체의 망치를 드는 대신, 장유는 내면의 밝은 마음으로 되돌아갔다. 기성의 권위를 배제한 '날 것' 그대로의 사상을 철저히 자기 기준에서 재음미했다. 시대의 한계에서 벗어나 그를 본다면, 우리는 자유로운 정신을 추구한 한 인간에 동감할 수 있을 것이다.

대저 큰 편에서 작은 편을 볼 때는 으스대기가 쉽고, 작은 편에서 큰 편을 볼 때는 허전해지기 쉽다. 허전해지면 본마음을 잃고 마음을 잃으면 보아도 볼 수 없고 들어도 들을 수 없다. 그렇기에 사람이란 모름지기 크다는 선입견을 갖지 말아야 큰 것을 제대로 볼 수 있다. 하늘이 사람에게 부여한 것이란 '지극히 신령스럽고 밝은 마음[靈靈明明者]'이 아니겠는가. 사람 안의 신령스럽고 밝은 마음이야말로 예전에는 있다가 지금은 없어진 것이 아니고, 문명인[中華人]에겐 많고 오랑캐에겐 적은 것이 아니다. 따라서 사람들이, 신령스럽고 밝은 마음은 내 안에 있지 밖에서 찾는 것이 아니라는 사실을 제대로 안다면, 나를 둘러싼 주변은 작아지고 나의 마음은 커져서 어디에 들어간들 스스로 얻지 못할 것이 없을 것이다(《계곡집》 5권, 〈고선행이 서장관으로 북경에 사신가는 것을 전송한 글送高書狀善行赴京師序〉).

故谿谷張相君持國起孤立甫成
童已八詞賦名大噪一世諸長德先
執招要嘉賞不翅阿戎而秖徒披
省靡不踵門求一見儀若驚鴻顔
畢一日之雕得備館帶之承惟恐
以蘭荐避某乃 公種然自持品
若不能出者及赴試闡隢武不雜

장유의 시문집 《계곡집》 서문 첫 장. 장유가 편집한
것을 1643년(인조 21) 그의 아들 선징善徵이 약간의
시문을 추가해 다시 간행했다.

위대한 문호의 멋진 글인지라, 필자가 덧글을 단다면 짧은 소견만을
드러낼 듯하다.

한편 이 글이 흥미로운 이유는 서장관으로 북경에 가는 후배에게 준
글이라는 점이다. 시공을 초월해 누구나 가지고 태어난 밝은 지혜, 그
것을 자각한 사람은 세계를 주체적으로 대한다. 그 당당한 태도는, 사
대주의事大主義에 절었다는 조선 지식인에 대한 인상을 확 바꾸어놓는
다. 이어지는 글은 다음과 같다.

(중국에 들어간 자들은) 눈이 커지고 정신이 아득해져서 망연자실하기를 마치
우물 안 개구리가 바다를 본 듯하는데, 이는 내게 있는 지극한 보배를 알지 못하

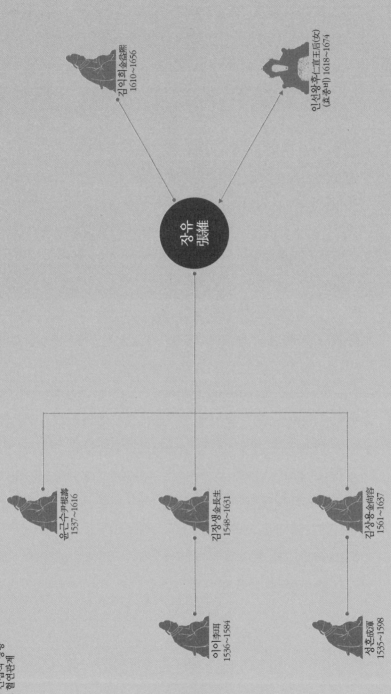

두 텃밭한 사승
간접적 영향
혈연관계
● ■ ▲

김익희金益熙
1610~1656

인선왕후仁宣王后(女) 1618~1674
(효종비)

장유
張維

윤근수尹根壽
1557~1616

김장생金長生
1548~1631

이이李珥
1536~1584

김상용金尙容
1561~1637

성혼成渾
1535~1598

고 그저 바깥에 현혹되었을 따름이다. …… 가령 (중국에) 예교禮敎가 갖추어져 있고 인물人物이 융성한 것은 살펴보고 본받을 만하고, 그런 점 때문에 중국을 훌륭하게 여기고는 있다. 그러나 그것들은 애초 사람마다 고유한 것이어서 오랑 캐나 중화에 관계없으며 단지 저들(중국)이 먼저 얻었을 따름이다. 저들에게 취하는 것은 나에게서도 찾을 수 있으니, 저들은 이런 것 때문에 스스로 과대평가해선 안 되며, 우리 또한 이런 것 때문에 스스로 과소평가해도 안 된다.

위 글은 문화에 기반한 자존에 기초해 중국 문명을 접수(?)한 조선 지식인의 모습을 잘 보여주고 있다. 외물에 부림받지 않고 외물을 부릴 수 있는 자각한 개인이야말로 압도적인 문명 앞에서 주체성을 잃지 않는다. 당시 조선은 비록 사대주의라는 차등적 국제질서에서 공존을 추구했지만, 차이 속에서도 조선의 지식인들은 유교문화라는 보편 기준에 기반한 주체성을 견지할 수 있었다.

사대주의를 추구했던 그때의 조선인들과 현재의 우리 중 누가 과연 더 주체적일까? 당시 명을 현재의 미국에 비유한다면? 조선이 사대주의에 젖었다고 쉬이 비판할 수 없는 까닭이 여기에 있다. 개개 문화의 가치와 개개인의 주체성을 인정하는 일은, 예나 지금이나 우리의 자존을 보장받는 길이다. 장유는 그 시야를 인간뿐만 아니라 자연에까지 투영했다. 인간과 인간 사이, 인간과 자연 사이, 그 사이의 평등한 주체들의 공존, 그 꿈은 지금도 요원한 것 같다.

〈장유 초상〉(작자미상, 국립중앙박물관 소장).

17세기 조선
지식인 지도   김장생·김집   김 육   장 유   송시열

사대주의 事大主義

'사대주의'는 현재 워낙 부정적 어감이 강하나 그 객관적 실상을 재고해 볼 여지가 있다. 아니 '사대事大'의 본래 뜻과 그 뜻에 공감한 동아시아 외교질서의 실상을 볼 필요가 있다.

유학에서 '사대'라는 개념을 처음으로 제기한 이는 맹자였다. 맹자는 "오직 인자仁者만이 대국大國으로 소국小國을 섬길 수 있고, 오직 지자智者만이 소국으로 대국을 섬길 수 있습니다. '대국으로 소국을 섬기는 자[以大事小者]'는 하늘을 즐거워하는 자요, '소국으로 대국을 섬기는 자[以小事大者]'는 하늘을 두려워하는 자이니, 하늘을 즐거워하는 자는 천하를 보존하고, 하늘을 두려워하는 자는 나라를 보전합니다"(《맹자》〈양혜왕〉)라 했다. 대혼란기인 중국의 전국시대에 태어나 왕도정치를 염원했던 맹자가 천자와 제후 사이의 예禮에 기반한 이상적 외교질서로 생각한 것이 '사대'와 '사소事小'였다. 곧 예에 기반한 쌍무적 책임을 동등하게 가지는 질서였다.

한漢 제국 이래 유교문화가 확산되면서 사대주의는 중국 중심의 동아시아 국제질서를 대표하는 말이 되었다. 우리나라의 경우 삼국이 각축했던 4~6세기에 사대주의는 외교의 주류가 아니었다. 당시에는 중국과 병립竝立한다는 생각이 강했다. 그 사고는 자존自尊 측면에서 높이 볼 수 있으나 그늘이 있었다. 스스로 제국임을 표방해 주변에 대한 지배를 합리화했고 또 중국과의 끊임없는 긴장, 전쟁 관계에 있을 수밖에 없었다. 7세기 후반 당唐 제국의 등장으로 삼국은 각기 다른 길을 갔다. 병립 노선을 택했던 고구려는 당 제국에 대한 편입을 거부했고 신라는 제국질서로의 편입을 택해 결국 운명이 갈렸다. 그 점에서 삼국의 통일은 당 중심의 하나의 세계질서가 형성되는 과정이기도 했다.

고려는 병립의식과 사대질서 사이를 적절히 이용했다. 내부적으로는 천자라고 사고했지만, 외교질서는 사대질서를 택했다. 같은 유교문화권인 송

과의 관계에서는 사대질서를 통해 큰 마찰은 없었으나 금이나 원과의 관계 설정에서는 진통이 있었다.

고려 후반 성리학의 도입과 더불어 사대외교는 확실한 주류 외교노선이 되었다. 유학 국가인 조선에서 사대외교는 유교문화국끼리의 외교노선으로 정착해, 중국이나 주변 민족과의 실질적 평화를 담보할 수 있었다. 맹자의 언명을 상기한다면, 국가의 독자성을 지키면서 예와 신뢰에 기반한 문화국 끼리의 평화가 실현된 것이다. 그에 따라 조선 전기의 장구한 평화가 가능 했었고, 그 신뢰에 기반해 명과 조선은 사대질서를 어지럽히는 일본의 침략 에 연합해 승리할 수 있었다.

임진왜란에서의 승리는 사대질서와 그것을 낳게 한 유교문화에 대한 긍 지, 그것을 수립한 사대부라는 자신감을 심어주었다. 하지만 병자호란은 그 의식을 근본적으로 뒤바꾸는 사건이었다. 병자호란을 경험한 지식인들은 청에게 힘이 달려 항복했지만 정신적으로는 우위라는 사고를 갖게 되었다 (김창협·김창흡 형제 편 조선 지식인의 키워드 참조). 그럼에도 청과도 19세기 중반까지 큰 마찰 없이 지낼 수 있었다.

조선은 사대외교를 통해 前전·後후 각각 200년간 역사상 가장 평화로운 시기를 구현했다. 사대에 대한 부정적 어감을 지금 바꿀 수는 없겠지만, 평화 전략으로서의 엄청난 영향력은 무시할 수 없다. 조공, 책봉이란 국가 사이의 수직적 측면이 있긴 했지만, 평화시 실질적인 간섭의 수준은 생각 이상으로 미미했고, 자주권을 지닌다는 생각이 지배적이었다. 지금의 국제질서가 표면상으로는 평등 관계이지만, 내용상의 간섭과 강대국의 패권이 횡행하는 것을 보면 평등의 이면에 감추어진 종속의 정도가 과연 당시보다 나은지도 의문이다.

이상理想 실현과
이상의 억압 사이에서

송시열宋時烈

자字 영보英甫, 호號 우암尤庵, 본관本貫 은진恩津
1607(선조 40) 충청도 옥천군에서 태어남. 1630(인조 8) 24세 김장생에게 배움. 1631(인조 9) 25세 김
장생 별세. 김집에게 배움. 1636(인조 14) 30세 봉림대군(효종) 가르침. 병자호란이 발발하자 남한산성에
들어갔다가 충청도에 내려감. 1645(인조 23) 39세 김상헌을 스승으로 모심. 1649(효종 즉위년) 43세 기
축봉사를 올려 대청복수對淸復讎를 주장함. 1658(효종 9) 52세 이조판서 제수. 효종과 북벌 논의 시작.
1659(효종 10, 현종 즉위년) 53세 3월 효종과 독대. 5월 효종 승하. 기해예송 시작. 1671(현종 12) 65세
《삼학사전三學士傳》 저술. 환장암을 건립하여 명의 신종과 의종을 제사지냄. 1674(현종 15) 68세 갑인예
송 시작. 1675(숙종 원년) 69세 예송의 여파로 경상도 장기에 유배. 《주자대전차의朱子大全箚疑》 편찬
시작. 1683(숙종 9) 77세 김익훈을 옹호함. 서인내 소장층과 갈등 시작. 1685(숙종 11) 79세 윤증을 공척
함. 서인이 노론과 소론으로 분립하기 시작함. 1689(숙종 15) 83세 원자(경종)의 정호正號를 미루자고 건
의하여 제주도에 유배. 6월 전라도 정읍에서 사사賜死됨. 1694(숙종 20) 관직이 회복됨. 1756(영조 32)
문묘에 종사됨. 1787(정조 11) 《송자대전宋子大全》 간행.

《조선왕조실록朝鮮王朝實錄》이 전산화되면서, 한국사를 전공하는 사람들에겐 술자리의 한담거리 하나가 늘었다. 호기심 삼아 검색한 결과를 풀어놓는 일인데, 《실록》에 누가 가장 많이 나왔는가 하는 질문도 단골이었다. 짐작했겠지만, 왕을 제외한다면 단연 송시열宋時烈이 선두다.

조선왕조 성립 후 200년도 더 지난 뒤에 태어난 송시열이 《실록》에 가장 많이 등장한 이유는 무엇일까? 83세의 나이, 압도하는 풍모, 인조에서 숙종까지 4대에 걸친 정치적 이력, 율곡학파를 주류에 올려놓은 학문적 업적 등. 《실록》에 송시열 관련 기사는 생전에 2,000회, 사후에 1,000회에 육박한다. 사자死者는 영면永眠했으되, '송시열'을 둘러싼 이슈는 언제나 진행형이다.

송시열의 삶에 관해선 방대하고 길었다고밖에 말할 수 없다. 학문과 저술이 방대했고, 학자로서 정치인으로서의 삶이 길었다. 방대하고 길기만 했다면 필자로선 좀 편하게 서술할 수도 있었을 텐데, 그는 평생을 두고 싸웠다. 학문을 두고 싸웠고, 예법을 두고 싸웠고, 국가 운영을 두고 싸웠다. 시비是非가 선명했기에 결론은 쉬어 보이나 글쓰기는 어렵다.

송시열은 다양한 전장戰場에 무너진 세도世道를 지킨다는 책임감으로 나섰다. 그는 공자와 주자 또한 그 책임감을 평생 견지했다고 보았다. 주자의 이상理想, 그것이 그의 이상이었다. '주자의 이상대로'가 내걸린 조선 후기에 그는 곱씹어졌고 원대한 인물로 추앙받았다. 그런데 문제는 '이상대로'가 지닌 일방一方 편향과 독점이었다. 조선의 멸망, 유학의 추락은 일방 편향의 이념에 다른 해석을 허락하지 않은 데 있으

君當忠事親當孝底道理臣以此益信師道之有關風俗也金長生子集守其
家訓有乃父之風頃見政目陛拜掌令臣誠喜而不寐猶恐其不来也宋浚吉
宋時烈皆金長生門人臣雖未得相見聞其所居之地人不敢肆然為非曾見
浚吉論禮說話及時烈科塲文字知其非俗儒也朴知誡門人趙克善最賢有
名搢紳間亦頗有知之者而至於簿書之任恐非所宜慶亦聞有金克亨者篤
志為善進修不已前縣監許厚持身有法自待不輕前教官黃宗海守靜田野
到老讀書學生權認名父之子志行雅潔皆可謂一時之佳士人固未易量譬
如谷蘭荊璞色香未吐誠能就加拂拭增其光價則安知後日名世之儒不出
於此輩人乎又薦朝臣中有志學問者趙翼李景奭李敬興趙錫胤宋夢錫等
上嘉納之○朝講詩傳講訖領事李弘冑曰西邊有朝夕之憂所當掃除萬
事專意料理平壤不可不守而丁卯以後為廢棄之地監司洪命耇方欲修
兩民情亦願守之云宜使從民願修築　上曰廟堂可以酌慮然予意則無水
之城恐不可守也○丙戌領議政尹昉引疾乞遞呈辭至二十餘度　上乃許
之○吏曹正郎趙錫儞上疏極陳時弊及自強之策　上嘉納之○完城君崔
鳴吉上劄請移御江都廟堂以為不可事寢不行○丁亥　上以前郡守鄭世

《인조실록》에 처음 등장하는 송시열 관련 기사. 최명길이 송시열은 김장생의 문인이고 그 문장을 보니 속
된 선비가 아니라며 천거했다. 이때부터 송시열은 무려 3,000회 이상 〈실록〉에 등장하면서 조선 정치
의 중심이 된다.

며, 근대의 다원적 사고는 이 독점을 경멸했다. 그는 한때 '구태舊態'의 상징이었다.

평가가 시대에 따라 극단을 오가니, 송시열에 대한 긍정은 그의 판단에 대한 동조로, 부정은 그를 추앙했던 한 시대에 대한 부정이 될까 두렵다. 필자가 다만 단언할 수 있는 것은 시비 판정 이전에 송시열이 한 고민의 핵심을 이해해야 한다는 점이다.

논쟁의 중심에 선 정치 역정

12세의 송시열에게 부친 송갑조宋甲祚는 "주자朱子는 후세의 공자이고 율곡栗谷은 후세의 주자이니, 공자를 배우려면 마땅히 율곡으로부터 시작해야 한다"며 이이가 지은 《격몽요결擊蒙要訣》을 가르쳤다. 이를 다 배운 송시열은 "이 글처럼 하지 않으면 사람이 될 수 없다"고 했다 한다. 비록 어리지만 강직하고 단호한 언명이 인상적이다. 부친의 훈계는 일생 학문의 정초定礎가 되었다.

24세의 청년 송시열은 율곡의 수제자로 명성이 자자한 사계 김장생의 문하에 들었다. 80세가 넘은 노선생 김장생은 말년에 자신의 명성을 넘게 될 후계자를 만난 셈이었다. 송시열이 그에게 배운 기간은 1년 남짓, 스승이 타계한 후에는 그의 아들 김집에게 배웠다.

한국 정치사에서 차지한 비중에 견주어 보면 송시열이 조정에 머문 실제 기간은 그리 길지 않았다. 문과를 통하지 않고 학식으로 봉림대군(효종)의 사부師傅에 임명된 것이 그의 첫 출사였다. 그때가 1635년(인조

13)이었는데 29세의 송시열은 열두 살 연하의 대군을 약 8개월 정도 가르쳤다. 그러나 이듬해 병자호란이 일어났다. 그는 병자호란의 충격을 '머리에 신발을 쓰고 발에 모자를 쓰게 된 사건', 즉 기존 질서가 완전히 뒤집힌 사건으로 생각했다. 구차하게 목숨을 보전했을 뿐만 아니라 자신이 가르친 대군은 심양에 인질로 끌려갔기에 그의 자책과 좌절은 더욱 심했다. 송시열은 낙향하여 학문에 몰두했다.

1649년 효종은 즉위하자마자 김상헌 등 척화파와 김집·송시열 등 서인 산림을 대거 기용했다. 송시열은 스승 김집과 함께 다시 출사했으나, 조선의 움직임을 예의주시하며 압박하는 청나라와 국내 친청파의 준동을 목격하고는 8개월여 만에 다시 낙향했다. 효종은 이후에도 여러 차례 불렀지만 출사를 사양하고 학문에 열중하면서, 서인학맥의 도통을 정리하는 등 서인의 이념적 결집을 위해 노력했다.

효종은 말년에 그동안 은밀하게 추진해 온 북벌정책을 가시화하려 했다. 효종이 밀지를 내려 송시열을 불러 이조판서에 임명해 중용했다. 장차 요동의 풍상을 함께 겪자며 담비 갓옷[貂裘]을 하사하고, 은밀히 독대한 일도 그 시기였다. 그러나 효종이 갑작스레 사망해 그 계획은 수포로 돌아갔다.

현종이 즉위하고 1차 예송(기해예송己亥禮訟)*이 일어나 남인과의 예론이 격화하자 송시열은 1661년(현종 2)에 다시 낙향했다. 현종대에도 그는 거의 정계에 나아가지 않았다. 다만 1668년(현종 9)과, 1673년 좌의정으

* 효종이 승하하자 자의대비(인조비, 효종의 계모)의 복제服制를 두고 벌어진 논쟁이다. 영의정 정태화 등은 국제國制에 따라 기년복朞年服(1년복)을 주장했다. 반면 송시열 등은 효종을 차자次子로 보아 기년복을 주장했고, 윤휴는 효종이 종통을 계승했으므로 참최斬衰(3년)라고 주장했다. 판정은 일단 국제에 따라 기년복으로 정해졌다.

로 임명되어 잠시 출사했을 따름이었다. 현종이 죽고 2차 예송(갑인예송 甲寅禮訟)*이 일어나자 그는 예를 그르쳤다는 공격을 받아 1675년(숙종 1)에 경상도 장기로 유배되어 약 5년을 보냈다.

1680년(숙종 6) 경신환국庚申換局으로 서인정권이 성립되자 송시열은 적극적으로 출사했다. 이 시기에 그는 정국의 중심에 서서 많은 논쟁에 관여했는데, 특히 스승 김장생의 손자인 김익훈을 옹호한 일로 서인 소장파의 불만을 샀다. 또 자신의 수제자 윤증과 여러 가지 문제가 얽혀 장기간 논쟁했는데, 두 사건을 계기로 서인은 결국 노론과 소론으로 분당했다. 두 사건은 앞으로 차차 상술할 것이다.

1689년(숙종 15) 숙종은 숙의 장씨(희빈 장씨)가 낳은 아들(경종)을 원자로 책봉하는 일에 반대한 서인을 내치고 남인을 등용했다. 당시 서인 영수였던 송시열은 원자의 정호定號를 미루자고 상소했다가 유배당하고 사사되었다.

송시열의 힘찬 글씨로 쓴 〈취석醉石〉. 취석은 도연명이 취해 누었다는 바위로 주자가 이를 소재로 충절을 노래한 적이 있었다. 이 비석은 석실石室(현재 경기도 남양주시 와부읍)에 있다. 석실은 대표적 척화 가문인 안동 김씨의 선영이다.

송시열이 조정에 장기간 출사한 시기는 효종 후반에서 현종 초반과 숙종 초반 두 차례였고, 나머지 출사는 몇 개월에 머물렀다. 짧았지만 방대한 분량의 편지와 상소, 각종 논설을 통해 수많은 논쟁의 중심에 있었으니 정치적 의미가 없지는 않았다.

공자, 주자 그리고 송자

송시열의 행적과 공과에 대한 논쟁은 사후에도 생전처럼 뜨거웠다. 1689년(숙종 20) 서인이 집권하자 그는 바로 복관復官되었고 이듬해에는 '문정文正'이란 시호가 내려졌다. 그를 제사하는 서원이 각처에 건립되었고 1756년(영조 32)에 드디어 문묘에 종사되었다. 남인이나 소론 일각에서의 비판 또한 만만치 않았으나 점차 그의 공적功績이 인정되는 형편이었다.

송시열에 대한 재평가 작업은 정조대가 절정이었다. 정조는 세손 시절부터 송시열이 공자, 주자의 의리 정신을 계승했다고 평가해 그를 기리는 다양한 추숭사업을 펼쳤다. 그에 힘입어 노론 측에서는 1787년(정조 11)에 기존의 문집과 별집 등을 망라한 234권의 거질 《송자대전宋子大全》을 간행했다. 송시열의 방대한 저술은 초본(황강본黃江本)으로 1차 편집되었고, 숙종대에 《우암선생문집尤庵先生文集》, 《후집後集》 등으로 간행된 적이 있었다. 하지만 《송자대전》은 분량뿐만이 아니라 명칭과 체제부터 여러모로 의미심장했다. 유학의 성인聖人, 현인賢人에 붙는 '자子'라는 영예로운 호칭에 《주자대전》을 본뜬 편집이었기 때문이다.

방대한 《송자대전》을 관통하는 핵심은 주자의 학문 완성과 그 지향하는 바의 실현이었다. "주자의 일점일획도 고치면 안 된다"는 말을 남겼을 정도로 송시열은 주자를 철저히 존숭했다. 그에게 주자의 언설은 시대에 맞추어 재해석될 수 있는 영역이 아니라 그대로 적용해야 할 교리에 가까웠다. 주자의 저술 사이사이에서 보이는 균열, 즉 주자학 내의 상충된 개념, 언설 사이의 불일치 등도 꿰매어 보완할 대상이었다. 그 결과 개념과 현실 적용에서 일관성은 살려졌지만, 사조師祖 율곡 등에서 보이는 독창성은 줄었다.

　송시열이 후대에 더욱 인정받은 근거는 '의리 정신을 계승'한 삶 자체였다. 의리가 전도顚倒된 현실에서 '세상의 도리[世道]'를 지켰다는 평가가 있었기에 그는 공자, 주자를 잇는 후인後人이 될 수 있었다. 그렇다면 전도된 현실이 무엇이고 그곳에서 유학자가 의리와 세도를 지킨다는 것은 무슨 의미일까?

　공자가 시공간을 넘어 만인의 추앙을 받는 것은 인간의 보편 덕성인 인仁을 외쳤기 때문이다. 그런데 그의 정신이 시대를 지배하는 이념일 때는 문제가 조금 복잡해진다. 보편 정신을 '현재에 어떻게' 구현해 삶의 규범으로 삼을지가 중요해지기 때문이다.

　공자는 춘추시대를 살았다. 그 시대는 정통인 주周 왕실이 추락하고 힘을 앞세운 패자霸者들이 천하를 좌우했다. 그가 인仁을 강조했던 것은 정통에 의한 질서를 회복하자는 현실성 있는 외침이기도 했다. 공자는 비록 생전에 구현하지는 못했지만, 유학자들은 공자의 외침이 있는 한 세상의 바른 질서는 언제든 회복될 수 있다고 여겼다.

정조가 세손 시절 송시열의 글을 모아 편집한 《양현전심록兩賢傳心錄》의 〈서문〉 첫 장.

　주자 또한 마찬가지였다. 예나 지금이나 학자들은 방대하고 촘촘한 주자학에 잠심해 지知의 순례를 할 수 있지만, 평온한 순례는 현실에 맞닿는 순간 복잡해졌다. 주자는 금金에 의해 송宋이 남쪽으로 밀린 시대에 살았다. 정통인 송은 쇠퇴하고, 오랑캐인 금이 패권을 쥐었다. 하지만 주자는 희망을 가졌다. 가치가 전복된 세상에서는 공자처럼 도리를 보전해야 한다. 현실은 가변적이기에 세상은 언젠가는 불변의 도리에 힘입어 다시 밝아질 수 있기 때문이다. 주자는 평생 보편 질서를 탐구한 철학자이기도 했지만, 정통을 보위하고 이적을 물리치자는 신념을 지닌 실천가이기도 했다. 무너진 시대에 세도를 받들기는 주자도 공자와 마찬가지였다.

공자, 주자는 어지러운 시대에 유교문화의 정수를 창달하거나 계승했다. 정통이 뒤바뀌거나 국가가 멸망할 수도 있지만, 그들이 밝힌 문화와 이념이 있는 한 세상은 다시 밝아진다. 그것이 유학자들의 세도관이었으니, 막대한 책임감을 동반하지 않을 수 없었다.

송시열이 후대에 높이 평가받은 것은 그 정신을 계승, 실천했다는 점에 있었다. 그는 조선이 청에게 무릎 꿇고 명이 망해버린 시대를 살았다. 하나밖에 남지 않은 유교 국가인 조선은 유교문화의 명맥을 간직하고 실현해야 할 의무가 있었다. 송시열이 주자와 책임감을 동일하게 느끼고, 주자의 말 하나하나를 실천하려 한 데는 그런 절박함이 있었다.

정조는 그 의미를 정확히 알고 있었다. 정조는 세손 시절 주자와 송시열의 글 몇 편을 합해 《양현전심록兩賢傳心錄》을 만들었다. 그 서문의 한 대목이다.

하늘의 도리는 돌고 도는 이치가 있어 나라의 운세가 크게 밝아지는 때가 이르자 우리 조선에 우암 송선생이 태어나 인륜이 밝아지고 천리가 섰다. 그가 지킨 것은 주자의 대의이고 그가 가르친 것은 주자의 대도이니, 주자가 떠나간 후 다시 주자가 태어난 셈이다. …… 이 책은 사문斯文(유학)의 조마경照魔鏡이 될 터이니 두 현인의 마음이 더욱 밝게 드러날 것이다(정조, 《홍재전서弘齋全書》 4권, 〈양현전심록 서문兩賢傳心錄序〉).

정조는 두 사람의 역할이 동일함을 강조하며 대뜸 송시열을 주자의 후인後人이자 현인의 반열에 올려놓았다. 그러면서 자신이 정리한 책은 학자들이 나쁜 마음을 비추는 거울이 될 터라고 여겼다. 국왕이 세도의 책임을 물려받겠다는 은근한 피력이었으니 정조의 의도 또한 의미가 깊다.

여담이지만 좀더 시간이 지난 후 19세기 유학자들은 더욱 암담한 상황을 만났다. 이젠 청과 조선의 대립이 아니라, 동양과 서양의 대립이었다. 전선은 달라졌지만, 유교 대 비유교라는 구도는 여전했다. 19세기 위정척사衛正斥邪는 그 점에서 송시열이 생각한 논리 구조와 동일했다. 위정척사 운동을 대표적으로 이끌었던 화서華西학파*는 공자–주자–송자 그리고 이항로李恒老로 도통의 흐름을 정리했다.

* 화서華西 이항로李恒老(1792~1868)와 그의 문인들을 말한다. 19세기 중후반 위정척사 운동을 전개한 대표적 학파다. 문인은 최익현·유인석·김평묵·유중교 등이다.

효종을 생각하며 눈물 흘리네

1649년 효종이 즉위했다. 효종은 북벌을 염두에 두고 척화파와 산림을 기용해 정국에 일대 파란을 일으켰다. 효종의 지원에 힘입어 산당山黨이 출현했다. 산당을 이끈 인물은 산림 김집과 척화파 관료 김상헌金尙憲이었다. 송시열은 일찍이 김상헌을 만나 문인을 자처했으니, 그의 척화론을 또한 계승했다. 훗날 송시열과 김상헌의 후예들, 즉 안동 김씨는 정치적 동지 관계를 끝까지 유지했다.

송시열은 효종에게 장문의 상소인 기축봉사己丑封事를 올려 존주대

* 존주尊周의 '주周'는 역사상 실재했던 왕조의 의미를 넘어 유교문화를 실현한 사회를 의미한다. 존주대의는 정통을 높이고 난신亂臣이나 이적夷 狄을 물리쳐 천하의 질서를 바로 세우는 정신으로, 공자가 주창한 춘추대의의 핵심이다.

의尊周大義*에 입각한 국가의 혁신을 주장했다. 하지만 바램이 실현되기까지 길은 멀었다. 산당은 대동법 실행 문제 등으로 김육이 이끄는 한당漢黨과 대립했고, 정계의 주류가 되지는 못했다. 김집과 송시열 또한 곧바로 낙향했다.

1652년(효종 3)과 1656년에 고령이었던 김상헌과 김집이 차례로 사망하자, 이들의 제자 송시열의 위상은 더욱 높아졌다. 1658년(효종 9) 드디어 효종은 송시열을 이조판서에 올려 구체적으로 북벌을 논의하기 시작했다. 당시 그들의 구상과 구체적 준비는 비밀스러웠으므로 잘 알 수가 없다. 다만 몇몇 기록을 통해 짐작할 수 있는데, 그중 체계적인 기록은 송시열이 효종과 독대獨對한 내용을 기록한 〈악대설화幄對說話〉뿐이다. 기록 중 북벌 부분을 요약하면 다음과 같다.

효종: 오늘 대사를 말하고자 하오. 저 오랑캐는 반드시 망할 형편에 처해 있으니 …… 정예화된 포병砲兵 10만을 길러 기회를 봐서 곧장 쳐들어갈 계획이오. 그러면 중원의 의사義士와 호걸 중에 어찌 호응하는 자가 없겠소. …… 오늘날의 일은 과단성있게 하지 못하는 것을 걱정할 뿐이지, 성공하기 어렵다는 점에 대해서는 걱정하지 않아도 될 것이요.

송시열: 만에 하나 차질이 있어서 국가가 망하면 어찌하시렵니까?

효종: 나는 이 일을 성사시키기 위해 10년을 기한으로 삼고 있는데 …… 10년 안에 이 일을 이루지 못하면 다시는 가망이 없을 것이요. …… 하늘이 나에게 10년을 허용한다면 성패와 상관없이 거사할 것이니 경은 은밀히 동지들과 의논해 보도록 하오.

송시열: 전하께서 큰 뜻을 가지고 계시고 또 신을 크게 쓰려 하시는데 어찌 물러 가려는 마음을 지니겠습니까. 마땅히 죽을 각오로 일하겠습니다.

효종: 급선무를 말해주오.

송시열: 즉석에서 말할 수 없으니 평소에 배운 것을 말씀드리겠습니다. 격물格物, 치지致知, 성의誠意, 정심正心은 사람들이 사리에 어두운 말이라 여겨 비웃으나 …… 이렇게 하지 않고 한갓 지혜와 혈기를 가지고 억지로 한다면 비록 우연히 잘하는 일이 없지는 않겠지만, 뿌리 없는 나무와 같고 근원 없는 물과 같아서 한 가지 일은 이치에 맞았다가도 한 가지 일은 이치에 맞지 않게 되니, 오늘은 잘했다가도 내일은 잘하지 못하게 됩니다. …… 하물며 천하 국가의 일을 다스릴 수 있겠습니까?

효종: 내가 밤낮으로 생각하는 것은 오직 병력을 기르는 일이오. 경이 전에 말하기를 '병력을 기르는 일과 백성을 기르는 일은 서로 방해가 된다' 하였는데 어떻게 하면 방해가 되지 않겠소?

송시열: 그것은 주자의 말입니다. …… 재정 중에 헛되이 사용하는 비용을 군수軍需로 사용하고 보오법保伍法을 실시하고 …… 반드시 기강을 확립한 뒤에야 시행할 수 있는데, 기강의 확립은 오직 전하께서 사심私心을 없애는 데에 달려 있습니다.

기해년(1659, 효종 10) 3월 11일의 일이었다. 독대는 밀실회담이므로 내용이 알려지지 않는 것이 상례이나, 송시열은 이 기록마저 없애면 효종의 큰 뜻이 알려지지 않을까 고심하다 마침내 공개했다.

〈악대설화〉를 보면 효종은 주로 군대를 양성하고 군사 방략을 구하는 데 관심을 갖고 있었다. 그에 대해 송시열은 다른 해법을 제시했다. 곧 '국왕의 수신修身 → 국가 기강의 확립과 사대부의 의지 결집 → 민생

강한사 전경. 송시열은 효종을 생각하며 무수히 눈물을 흘렸고 말년에 효종의 무덤이 있는 여주에 머물며 많은 시를 지었다. 훗날 정조는 여주에 행차해 그곳에 송시열을 기리는 대로사大老祠를 지었는데, 그 방향을 영릉寧陵(효종의 능)을 향하게 했다. 19세기 후반 흥선대원군이 자신을 '대로大老'라 칭하면서 이름을 '강한사江漢祠'로 바꾸었다. '강한'이란 《서경書經》〈우공禹貢〉 편에 "강수와 한수가 바다에 조종한다[江漢, 朝宗于海]"에서 나온 말로 '제후[江漢]가 천자[海]에 조회[朝宗]한다'에서 그 의미를 땄다.

안정과 국부國富 실현→군대 양성'이었는데, 이는 간단히 말해 내수內修에 기반해 '오랑캐를 물리치는 일[外攘]'이었다. 이때 내수란 유교 이념에 의한 내치內治의 극대화에 다름 아니었다. 일찍이 맹자가 왕도정치王道政治의 실현을 통해 전국시대의 혼란을 극복하려 했던 것처럼, 송시열의 방책은 인의에 입각한 정치를 통해 민심과 천명天命을 얻자는 전형적인 유교 논리였다. 그 논리는 보기에 따라서는 전쟁의 참화를 피하면서도 명분과 실리를 얻는 고도의 현실책이기도 했다.

송시열의 방략을 효종이 얼마나 수긍했는지는 신神만이 알 일이었다. 10년의 원대한 계획을 내비쳤던 효종은 그만 두 달 후에 사망했고 계획은 수포로 돌아갔다. 그러나 송시열에겐 효종의 마음을 가장 잘 헤아린 신하로서 북벌을 계승할 책무가 남아 있었다. 그는 선왕(효종)에게 금金에 대해 북벌을 주장한 남송南末의 효종과 같은 묘호廟號를 사용하자고 제안했고, 결국 관철시켰다. 훗날 효종과 송시열은 원대한 사업을 위해 의합義合한 군신으로 이상화되었다.

효종이 승하하고 몇 년 뒤, 남명南明*이 멸망하자 무력에 의한 북벌은 거의 불가능해졌다. 원대한 계획을 품었던 군주도, 북벌을 통해 수립하려 했던 명明도 없어진 상태에서 송시열은 조선이 유교의 명맥을 이어야 한다는 책임감을 더욱 강하게 느꼈고, 유교질서를 세우는 일에 집요하게 매달렸다. 그 질서의 중심은 주자학과 예치禮治의 실현이었다.

* 명나라가 1644년(조선 인조 22)에 멸망한 후 남경南京, 복주福州, 광동廣東 등지에 세워진 정권이다. 1662년(조선 현종 3)에 망했다.

예송과 사문시비

시시각각 변하는 현실, 이념과 이해에 따라 집산集散하는 개인, 정치는 생물이라고 한다. 인조반정의 두 축이었고 병자호란을 거치며 공존했던 서인과 남인 또한 변하기 시작했다. 청 중심의 질서가 공고해지는 것이 외부 요인이었다면, 자기 완결적 구조로 성장해 가는 붕당은 내부 요인이었다. 두 붕당은 내수內修의 방향을 두고 대립했으니, 현종 초반과 후반에 걸친 두 차례의 예송禮訟은 그 결정판이었다.

두 차례 예송은 놀랄 만큼 치열하게 전개되었다. 송시열은 효종이 왕통을 계승했지만 의리로 따지면 차자次子였음을 강조했던 반면, 윤휴尹鑴와 허목許穆을 비롯한 남인은 효종이 왕통을 계승한 만큼 왕실의 특수성을 강조해 장자長子로 간주해야 한다는 입장이었다. 송시열의 견해는 왕실의 특수성을 인정할 수 없다는 논리로 비약될 수 있는 약점이 있었다. 그럼에도 견해를 굽히지 않았던 것은 가家와 국國에 공통으로 적용되는 예법의 보편성에 대한 신념 때문이었다.

1차 예송인 기해예송은 서인 중에도 남인의 예학에 찬성한 이가 나오거나 그 반대의 경우도 있었을 만큼 비교적 건강했는데, 최종 결정은 학자들의 논의가 아니라 국제國制에 따라 결정되었다. 문제는 학술 논쟁이 상대방의 저의를 공격하는 정치 논쟁으로 비화한 데 있었다. 그 불은 윤선도尹善道가 당겼다. 윤선도는 송시열 등의 '차자 강조 논리'*를 '효종의 적통嫡統 부정' 논리로 비약시킨 것이다. 서인은 경악했다. 서인은 윤선도를 간흉奸凶으로 비판했고 그는 결국 함경도 삼수로 유배되었다.

* 송시열은 '승계했어도 참최의 대상이 되지 않는 네 가지 경우[四宗]' 가운데 효종이 '적자이지만 장자가 아닌 경우[體而不正]'에 해당한다고 해석했다. 송시열의 사종설四宗說에 따르면 당시 생존해 있던 소현세자의 아들은 '장자이지만 적자가 되지 못한 경우[正而不體]'에 해당할 수 있으므로 정치적 문제로 비화될 소지가 있었다.

하지만 불씨는 남았다. 2차 예송인 갑인예송甲寅禮訟에서 현종은 《경국대전經國大典》의 '맏며느리[長子婦]'에 해당하는 복제를 결정했다. 문제는 그 결정이 효종을 차자로 여겼던 기해예송과 불일치한다는 데 있었다. 현종은 지난날 기해예송까지 거슬러 판결해 송시열 등이 효종에게 잘못된 예를 시행했다고 비판했다. 뒤이어 즉위한 숙종은 송시열 등을 정계에서 축출했다.

만동묘萬東廟 터. 송시열을 모신 대표적 서원은 화양서원華陽書院인데 대원군의 서원철폐령 때에 없어졌다. 지금은 만동묘 터와 암서재巖棲齋, 묘정비 등만이 남아 있다. 만동묘는 송시열의 수제자 권상하가 스승의 뜻을 이어 명나라 신종과 의종의 신주를 모시고 제사하던 곳이다. '만동'은 '만절필동萬折必東(강한江漢이 굽이쳐도 끝내 동쪽의 천자를 조회한다)'의 줄임말로 선조宣祖가 명에 주문奏文을 보낼 때 사대事大하는 성실함을 표했던 말이다.

송시열은 효종의 적통을 인정하지 않고 붕당을 일삼았다는 죄목으로 경상도 장기로 귀양을 떠났다. 유배지에서 그는 주자학 연구에 더욱 몰두했고 평생의 학문 공력을 바쳐 《주자대전차의朱子大全箚疑》 편찬에 착수했다. 《주자대전차의》는 주자의 저술을 집대성한 《주자대전》 가운데 난해하거나 해석이 분분한 부분에 주석을 달아 그 미비점을 보완하고 서술에 일관성을 부여하는 어렵고 방대한 작업이었다. 송시열은 죽을 때까지 이 작업에 몰두했고, 책이 완성된 후에는 수제자인 권상하와 김창협에게 미진한 부분을 보완하라고 유언할 정도로 완벽을 기했다. 송시열 이래 주자의 저술을 보완하는 작업은 노론학자들의 주요한 학문 전통이 되었다.

남인 집권기에 왜 송시열은 주자의 저술을 보완하는 일에 매달렸을까? 그는 남인의 득세를 세도의 무너짐이라 여겼다. 이를 만회하기 위해서는 학문, 즉 사상을 바로잡는 일이 가장 근본적인 방책이라고 생각했다. 그렇게 사고하게 된 이유는 윤휴로 대표되는 학자들을 의식했기 때문이었다.

> 아, 근래 사문斯文의 재액災厄이 극심하다. 《주자대전》의 글이 먼저는 흑수黑水(윤휴)에 의해 더럽혀졌는데 세상 사람이 괴이하게 여기지 않고 도리어 따르는 자가 있었다. 대저 세상 사람이 모르기 때문에 좋아하지 않고, 좋아하지 않기 때문에 모두 괴이한 말에 혼동하게 되었다. 만일 이 글(《주자대전차의》)이 끝내 울타리 밖에 버려진 물건으로 되지만 않는다면, 어찌 이 글로 인해 그 바른 길을 깨우쳐 종묘宗廟와 백관百官의 아름다움을 모두 구경할 이가 생기지 않겠는가 (송시열, 《송자대전》 139권, 〈주자대전차의 서문朱子大全箚疑序〉).

송시열은 예송이나 사회 정책 전반에 걸쳐 윤휴와 대립했지만, 그 대립의 근저에는 사상을 둘러싼 대립이 있었다. 윤휴에 관해서는 다음 편에서 자세히 언급하겠지만, 적어도 송시열은 학술과 이념의 잘잘못을 가리는 일이야말로 세도를 바로 세우고 유학의 정맥正脈을 보존하는 일로 생각했다. 따라서 서인과 남인 사이에 사문斯文(유학)의 정통성을 가리는 논의가 벌어졌다.

한편 윤휴처럼 공공연하게 주자의 저술을 변개한 인사를 공척하는 일보다 더 어려운 일은 서인 중 일부가 윤휴의 학문을 그대로 받아들이며 용인한 데 있었다. 그것은 매우 불안한 조짐이었다. 동요하는 서인 일부를 위해서라도 송시열은 윤휴 학문의 위험성을 철저히 경계하지 않을 수 없었다. 따라서 서인 내부에서도 사문시비가 전개되기 시작했다.

평생 주자와 직直을 추구했노라

숙종 초반의 남인정권은 1680년(숙종 6)의 경신환국庚申換局으로 다시 뒤집어졌다. 이른바 환국換局이 시작된 것이다. 이제 정국은 상대방을 원천적으로 부정하는 단계로 진입했다. 환국의 표면적 계기는 주로 국왕에 대한 충역忠逆이었다. 하지만 당시 사대부들은 역적이 나온 바탕에는 잘못된 학문이 있다고 생각했다. 숙종 6년에 일어난 경신환국의 도화선은 남인계 영의정 허적許積의 서자가 꾸민 역모였다. 하지만 송시열이 보기에 그건 드러난 환부患部였고, 그 이면에는 윤휴를 비롯한 남인들의 잘못된 이념이 있었다.

남인의 처벌을 둘러싸고 서인 내부에서도 문제가 터졌다. 특히 남인을 무고한 혐의가 짙은 김익훈 사건*이 일어나자 젊은 서인들은 분개했

> * 1682년(숙종 8) 김장생의 손자 김익훈이 허새許璽의 역모를 조작했다는 사건이다. 노론과 소론이 갈라지는 결정적인 계기 가운데 하나였다.

다. 그들은 송시열이 스승(김장생)의 손자(김익훈)에 대해 사사로운 정에 얽매이지 않고 단호한 조처를 취하길 바랐다. 송시열은 김익훈 등이 사

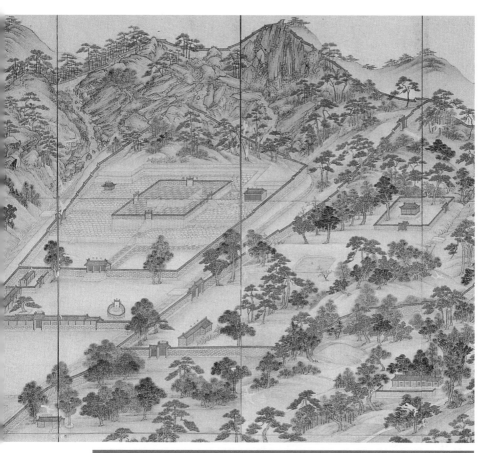

〈동궐도東闕圖〉에 보이는 대보단大報壇. 대보단은 만동묘의 뜻을 계승해 숙종대에 세워졌다. 처음에는 명의 신종과 의종의 신주만을 모셨으나 영조대에 명 태조를 더했다. 숙종 이후에는 대보단에서의 제사 역시 매우 중요한 의미를 지녔다.

직을 보위한 공로에 비한다면 그것은 작은 흠집이라고 판단했다. 젊은 서인들의 실망이 높아가는 가운데 윤증尹拯과 송시열의 갈등마저 불거졌다.

윤증은 송시열의 막역한 친구인 윤선거尹宣擧의 아들이자 가장 촉망하던 제자였다. 윤선거가 죽은 후 윤증은 송시열에게 부친의 묘갈명을 부탁했는데, 송시열은 병자호란 때 윤선거가 강화도에서 탈출했고 또 생전에 윤휴의 학문을 용인했던 일을 탐탁지 않게 생각해 행적만 간단히 정리했다. 사실 문제의 뿌리에는 남인에 대한 온건론을 주장한 윤선거와 강경론을 주장한 송시열의 입장 차가 있었다.

묘갈명으로 불거진 갈등은 윤증이 송시열에게 보내려 했던 편지 등이 잇달아 공개되면서 절연絶緣의 수순으로 나아갔다. 윤증은 송시열이 대의大義를 내세웠지만 실상은 없고 오히려 공리功利와 세력을 넓히는 결과만을 낳았다고 비판했다. 또 나양좌에게 보낸 편지*에서는 병자호란 때의 순절자들 역시 꼭 죽어야 한다는 의리가 없었다고도 피력했다.

송시열은 윤증의 견해는 윤휴와 마찬가지로 의리를 부정하고 세도를 왜곡하는 일이라고 판단했다. 이후 논쟁은 양측의 문인과 정치인까지 가세해 치열하게 전개되었다. 그 논쟁을 회니시비懷尼是非(懷尼는 송시열이 회덕懷德에 윤증이 니성尼城에 살던 데서 연유)라고 부른다. 김익훈 사건과 회니시비로 노론과 소론은 영영 다른 길을 걷게 되었다.

1689년(숙종 15) 다시 환국이 발생했다. 숙종은 후궁 장씨가 낳은 아

* 윤증이 1685년(숙종11)에 문인 나양좌에게 보낸 편지다. 윤증은 부친 윤선거가 병자호란 때 강화도에서 탈출할 수밖에 없었던 사정을 설명하면서, 김상용과 함께 죽은 권순장·김익겸 등이 꼭 죽어야 할 의리가 없다고 말했다.

〈윤증 초상〉(작자미상, 덴리 대학 소장)과 나양좌에게 보낸 편지. 윤증(1629~1714)은 송시열의 촉망받던 제자였으나
부친 윤선거의 출처 문제 등으로 스승과 갈등했고 후에 소론의 영수가 되었다. 아래는 윤증이 1685년(숙종 11)에 문
인 나양좌에게 보낸 편지. 의리 문제를 언급한 이 편지는 큰 논쟁을 불러일으켰다.

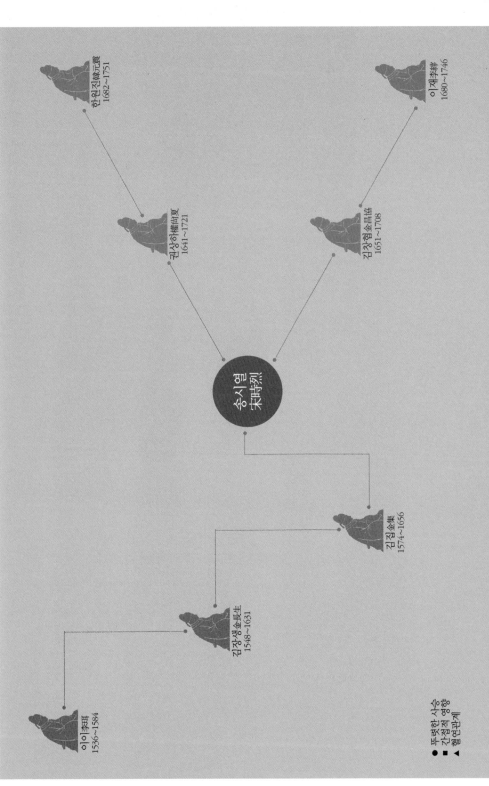

승시열
宋時烈

한원진韓元震
1682~1751

권상하權尚夏
1641~1721

이재李縡
1680~1746

김창협金昌協
1651~1708

김집金集
1574~1656

김장생金長生
1548~1631

이이李珥
1536~1584

● 뚜렷한 사승
■ 간접적 영향
▲ 협연관계

들(경종)을 서둘러 원자로 삼으면서, 그 문제에 미온적인 서인을 축출하고 남인을 등용했다. 송시열 또한 이에 반대했다가 국가의 근본을 흔들었다는 죄목으로 제주도에 귀양 갔다가 전라도 정읍에서 사사賜死되었다. 83세의 거인巨人은 왕위계승 문제에 휘말려 그렇게 세상을 떴다. 학문은 주자, 사업은 효종의 뜻을 섬기며 성인聖人이 전수한 요체는 오로지 직直이라는 말을 남기며.

송시열이 남긴 숙제들

송시열은 이념의 실천자였고, 단연 최고봉이라 해도 과언이 아니다. 임진·병자년의 양난을 겪은 조선의 재건이 절박한 만큼 이념의 선택은 존망을 가르는 문제였다. 그는 무너진 세도를 지킨다는 원칙을 평생 견지했고 결국 조선은 그것을 용인하는 방향으로 흘러갔다. 송시열의 후인들, 서인에서 노론으로 이어지는 붕당은 18세기에 접어들며 집권 주류로 부상했고, 그의 행적은 국가를 지탱한 일로 칭송받았다. 영조대의 문묘배향과 그를 주자의 후인으로 인정한 정조대의 평가가 그 절정이었다.

이념 중심의 사회에서 다원화 사회로 진입하는 21세기의 대한민국과는 거꾸로 갔던 셈이다. '주자 방식대로'를 외치며 사문시비斯文是非를 벌였던 그의 노력이 우리에게 낯설거나 거북살스러운 것은 까닭이 없지 않다. 우리 또한 불과 몇 년 전까지만 해도 이념으로 인한 부당한 갈등을 겪었고, 지금도 색깔론의 정치적 효용을 기대하는 잔영이 남아있기 때문일 것이다. 그렇다곤 해도 이념 자체를 무시할 수 있을까.

김창업 필, 김창협·권상하 찬, 〈우암송시열선생 칠십사세진〉
(충북 제천 황강연당 소장).

진소중리
옥재유
후서심
고계패의
진상부선여

송시열의 영정은 하나같이 근엄하고 강직한 표정에 압도적인 풍모를 강조하여 그렸다. 문인 김창협은 그림을 두고, "좁은 방 안에 모은 호연지기는 우주를 채울 만하고, 작은 한 몸에 짊어진 막중한 짐은 화산華山과 숭산嵩山에 비길 만하였다. …… 행여 억만대 이후에 이 화상을 살펴본다면 조선 삼백년간의 정기가 한 몸에 모인 것을 알 수 있을 것이다"라고 찬讚했다.

〈송시열 초상〉(작자미상, 국립중앙박물관 소장).　　　　　　　　　　〈우암 선생〉(작자미상, 덴리 대학 소장).

의리는 시비是非를 가리는 정신일 수도 혹은 공공의 질서일 수도 있겠다. 시비를 가르는 태도가 가치론상 올바를 수 있지만 문제는 가치가 다양하다는 데 있으니, 그것을 인정하지 않으면 독선과 편협을 부른다. 공공의 질서는 실용적이고 공존을 가능하게 하지만 무원칙과 타협의 덫에 걸릴 수 있다. 양자의 줄다리기는 지금도 변함없으니 송시열에 대한 시비야말로 요원한 일이다. 시대의 추이를 살피며 스스로 판단할 뿐.

북벌^{北伐}과 북학^{北學}

북벌은 조선의 영토 확장이나 민족정신의 발로로 오해될 수 있다. 그러나 북벌 추진자들은 근대 민족주의에서 그리는 영도자가 아니라 유교적 세계관에 충실한 이들이었다. 일반적으로 당대인이 생각한 북벌은 복수설치復讐雪恥, 즉 병자호란의 치욕을 씻고 대명의리對明義理를 드높이는 행위였다. 조선이 청을 쳐서 의기를 높인다면, 청의 지배에 놓인 명의 유민遺民이나 호걸들이 호응할 것이라는 의미였고, 따라서 궁극적 목표는 명의 회복이었다. 청과의 전쟁을 염두에 두고 군비를 확장했던 효종 역시 영토 확장을 생각하지는 않았다. 북벌이란 말조차도 매우 조심스러웠으며, 당시에는 '큰 계책[大計]', '큰 뜻[大義]', '오랑캐를 물리침[攘夷]' 등의 은유적 표현으로 쓰였다.

그러나 북벌을 둘러싼 각론은 달랐다. 효종이나 병자호란 직후에 북벌을 강조한 인사들은 북벌을 성리학 방식으로 생각하지 않았다. 와신상담해 복수에 성공한 월왕 구천이나 흉노를 정벌해 한漢 고조高祖의 치욕을 되갚은 한 무제

武帝를 모델로 삼았듯이, 그들은 무력 정벌을 강조하는 경향을 띠었다.

그러나 한 무제가 복수를 명분으로 백성을 전쟁으로 내몰았다고 주자가 비판했듯이, 성리학적 관점에서 볼 때 그 방식은 본말이 전도된 것이었다. 예컨대 공자가 군주를 시해한 신하를 토벌하라고 노나라 군주에게 요청한 사실을, "공자의 뜻은 정명正名에 있으므로 토벌의 의리를 높이는 데 있지, 이기고 지는 것은 부차적이다"(《논어집주論語集註》〈헌문憲問〉)라고 해석했던 것이 대표적 보기일 것이다. 그 방식대로 북벌 논리를 정연하게 전개한 이가 송시열이었다. 그는 정벌에 앞서 그 전제로 대의를 높이는 것과 왕도 정치를 행해 안민安民에 주력할 것을 강조했다.

효종대에는 그래도 남명南明이 잔존했으나, 1662년(현종 3)에 남명마저 없어졌으므로 북벌의 가능성은 거의 없어졌다. 송시열은 이 시기를 진정한 난세로 파악하고 유학의 정맥을 보존하기 위해 노력했다. 하지만 청의 중국 지배는 완전히 실현된 것이 아니어서, 조선 현종대에 정성공鄭成功의 저항, 숙종 초반에 '삼번三藩의 난亂' 등이 발발했다. 숙종 초 윤휴는 삼번의 난이 일어나자 오삼계吳三桂 등의 거병에 호응하자고 주장했다. 그는 과감하게 '북벌'이란 용어를 쓰며 실질적 군비 증강을 구상, 일부 실천했다(윤휴 편 참조). 그러나 윤휴를 비롯한 남인들이 실각하자 북벌은 더 이상 실천의 문제가 될 수 없었다.

18세기에 접어들자 북벌에 대한 입장은 더욱 복잡해졌다. 북벌이란 용어는 이제 공공연하게 쓰였다. 북벌을 말해도 청과의 마찰이 일어나지 않았던 것이다. 그것은 청 중심의 지배가 안정되었기에 북벌은 이미 '현실적 문제'가 아니었음을 역설적으로 보여준다. 따라서 당시의 북벌 논의는 17세기에 굳어진 의리에 대한 확인 혹은 긴장이 이완된 현실에 대한 비판의 의미였다. 이 같은 복잡함에서 출발해, 북학으로까지 인식을 확장했음을 보여주는 일

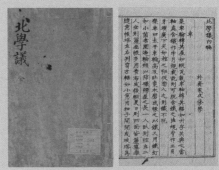

박제가의 《북학의北學議》 표지와 내편 첫 부분.

례가 박지원朴趾源이었다.

박지원에게 북벌은 신념이었다. 박지원이 허생의 입을 빌려 '북벌을 허명虛名으로 사용하는' 사대부 일반을 질타한 〈허생전許生傳〉의 마지막 부분은 유명하다. 그의 논리는 북벌 정신을 되살리기 위해서 사대부는 철저히 개혁해야 하며, 그러려면 청을 무조건 배타시하는 태도야말로 북벌의 허명에 안주하는 것이므로 또한 버릴 수 있는 바, 발전한 청 문화의 실체를 인정하고 배워서 궁극적으로 청을 극복하자고 주장했다. 명분으로만 굳어진 북벌론을 배격한 반성적 북벌 그리고 대안으로서 북학의 제기였다. 거칠게 말하면 적을 이기기 위해서라도 적의 장점을 배워야 한다는 것이다. 그 관점은 박제가의 《북학의北學議》에도 그대로 드러나있다.

옛날 영웅들은 복수하려는 뜻이 있다면 오랑캐 옷을 입는 일이라도 부끄럽게 여기지 않았는데, 지금은 중국의 제도가 배울 만하다고 말하면 떼로 일어나 비웃는다. 필부도 그 원수를 갚고자 하면, 원수가 찬 날카로운 칼을 보고 그것을 빼앗을 궁리를 한다. …… 대저 망해버린 명나라를 위해 복수설치하려면, 중국을 힘써 배운 지 20년 후에 의논하더라도 늦지 않을 것이다(박제가, 《북학의》〈존주론尊周論〉).

하지만 '북벌을 위해서 북학하자'는 논리에서 '북벌을 위해서'라는 신념이 배제된다면 '북학하자'라는 주장만 남는다. 19세기 청조 문물의 풍미가 그 경우였다. 박지원의 논리는 현대식으로 말하면 '주체성 있는 세계화'라고 평할 수도 있으나, 그때의 주체는 17세기 스타일의 북벌에 대한 신념이기에 그 한계는 분명하다. 하지만 그 신념조차 빠진 북학의 한계는 더 심각한 문제를 야기할 수 있었다. 주체성에 대한 자각 없는 문물 수용론이 될 수 있기 때문이었다.

17세기 조선
지식인 지도

근본주의자를 위한 변명

윤휴 尹鑴

자字 희중希仲, 호號 백호白湖, 본관本貫 파평坡平
1617(광해군 9) 경상도 경주에서 태어남. 1631(인조 9) 15세 이원익을 찾아 뵘. 1637(인조 15) 21세 병
자호란 후 속리산 복천사에서 송시열을 만나 서로 통곡함. 이후 유학의 경전을 공부하며 권시, 윤선거,
송준길, 이유태 등 명사를 사귐. 1638(인조 16) 22세 〈사단칠정인심도심설四端七情人心道心說〉을 지
음. 1644(인조 22) 28세 경기도 여주 백호白湖에 거주함. 1653(효종 4) 37세 민정중 형제와 사귐.
1656(효종 7) 40세 세자시강원 자의諮議가 내렸으나 사양함. 1659(현종 즉위년) 43세 효종에 대한 자
의대비 복제가 삼년임을 주장하여 기해예송이 일어남. 1662(현종 3) 46세 《효경장구고이孝經章句考
異》를 지음. 1667(현종 8) 51세 《대학설大學說》을 지음. 1671(현종 12) 55세 《중용대학후설中庸大學後
說》을 지음. 1674(숙종 즉위년) 58세 북벌을 주장하는 글을 올림. 1675(숙종 원년) 59세 성균관 사업
이 제수되어 출사함. 명성왕후(현종비)를 단속할 것을 청함. 이조판서 제수. 오가작통 · 호포 · 지패 실
시, 병거兵車 제작 등을 건의함. 1678(숙종 4) 62세 도체찰사 설치를 건의함. 1679(숙종 5) 63세 〈공
고직장도설公孤職掌圖說〉을 올림. 1680(숙종 6) 64세 경신환국으로 사사賜死됨. 1689(숙종 15) 관작
회복. 1694(숙종 20) 관작 추탈. 1908(융희 2) 관작 회복.

천하의 허다한 의리를 어찌 주자만 알고 나는 모른단 말인가. 애초 주자에 개의하지 말고 오직 의리만을 논할 따름이다. 주자가 다시 온다면 나의 학설이 인정받지 못할 것이나, 모름지기 공자나 맹자가 다시 태어난 연후라면 나의 학설이 승리할 것이다.

윤휴가 남긴 이 말은 남북한을 망라한 각종 개설서에 소개되었기에 우리에게 친숙하다. 이 말로 인해 그는 반反주자주의, 조금 완화해서 탈脫주자주의자가 되었다. 그는 사실 정치적 이유로 죽었지만, 사후의 확실한 매장(?)은 위에서처럼 반주자의 낙인을 찍는 것이었다. 그런데 그 낙인 때문에 윤휴는 되살아났다. 계몽을 외치다 종교재판에 걸렸던 서양의 사상가들처럼, 반反주자를 외쳤던 그는 중세 사상을 해체하려 했던 비운의 선각자로 되살아났다.

윤휴를 죽이고 살린 앞의 글은 18세기 노론 학자인 남기제南紀濟가 쓴 《아아록我我錄》에 나오는 말이다. 《아아록》은 서인에서 노론으로 이어지는 정파의 역사적 정통성을 증명하기 위해 쓴 책이다. 복잡미묘한 정치사를 한 정파(붕당)의 인식에 따라 가지런히 정리한 책을 일반적으로 '당론서'라 부르는데, 당론서에서 확실한 것은 그렇게 인식했던 당시 사람들의 규정인 경우가 많다. 따라서 사실에 관한 한 엄밀한 실증을 거쳐야 한다. 필자가 보기에 앞의 글은 윤휴의 직접 언급은 아니고, 그의 생각을 그렇게 해석한 후대 노론의 인식이었다. 그 인식만을 기준 삼아 윤휴를 반주자로 정의하거나, '성리학 해체의 선각자'로 높인다

《아아록我我錄》 권2의 일부. 표시한 부분이 윤휴가 반反주자학을 전개했다고 규정한 글이다.

면, 잘못된 장단에 춤춘 셈이 될 수도 있다.

학계에서는 일반적으로 윤휴가 고학古學, 고법古法, 고제古制에 관심을 기울였다고 평가한다. 고학은 정도 차는 있지만, 삼대三代*, 공자·순자·맹자가 활약했던 춘추전국시대 그리고 한漢의 유학 사상을 주로 말한다. 고법과 고제는 고학의 이상

* 삼대는 하夏·은殷·주周의 세 왕조이나, 일반적으로 그 이전의 요堯·순舜까지 포함해 '요순삼대堯舜三代'로 쓴다. 성인이자 군주인 성왕聖王이 통치했던 이상사회를 말한다.

이 법제와 정책으로 구체화된 것이다. 그렇다면 그의 사상은 당시 주류 학문으로 자리잡아가던 성리학 혹은 성리학적 사회 제도와는 일정정도 거리가 있음은 분명하다. 그래서 학계에서는 그를 탈주자에서 주자상대주의까지 다양하게 규정한다. 말하자면 그는 주자를 조금 혹은 많이

이탈해 고대의 이상 사회를 바랐던 사상가란 뜻이며, 17세기 조선에서
는 고대 유학에 입각해 국가 재건을 구상한 인물이라는 의미도 된다.
앞으로 언급할 유형원 역시 그와 비슷한 사고의 소유자였다.

주자를 이탈 혹은 상대화하며 고법의 실현을 꿈꾼 이들, 그런 이들을
필자는 근본주의자radicalist라 부르고 싶다. 뿌리로 회귀하기에 근원적
radical이며, 고대의 이상을 현실에서 기획했기에 급진적radical이다.

패기만만한 재사

윤휴의 부친 윤효전尹孝全은 서경덕의 학맥을 이었으며 북인의 주요
인물 가운데 하나였다. 그래서 윤휴를 북인 출신으로 설명하기도 하나
부친은 그가 두 살 때 사망했고, 북인은 그의 생전에 정파로서의 의미
를 상실했으므로 배경 정도로 여겨야 타당할 듯하다. 젊은 시절 그의
학문과 교유는 정파와 거의 상관없었다.

윤휴는 경기도 여주에서 청장년을 보냈다. 그의 호 백호白湖도 여주
에서 유래했다. 젊은 시절에는 남인·서인을 가리지 않고 사귀었는데,
권시·권준·이유·장충함 등이 남인이었고, 송시열·송준길·이유
태·유계·윤문거·윤선거·민정중·민유중 등이 서인이었다. 면면
을 보면 서인계 인사들의 명망이 오히려 압도적인 게 흥미롭다.

특히 송시열과의 교유는 참으로 극적이다. 30세의 송시열은 20세의
윤휴를 찾아와, 3일 동안 토론한 끝에 "30년간의 독서가 참으로 가소롭
다"고 자탄했다. 이듬해인 정축년(1637, 인조 15)에 인조가 청에 항복하

자 두 사람은 속리산 복천사福泉寺에서 만나 서로 손을 부여잡고 통곡했다. 병자호란의 충격으로 윤휴는 과거에 응하지 않고 두문불출하며 학문에 열중했는데, 송시열은 그의 절개를 백이伯夷에 비유했다. 20대의 윤휴는 그야말로 촉망받는 재사才士였다.

그러나 두 사람이 학문하는 태도는 달랐다. 1651년(효종 2)에 윤휴와 송시열은 속리산에서 다시 만났다. 북벌의 웅지를 품은 효종이 막 즉위했으니, 두 사람의 웅지 또한 불타올랐다. 그들은 이제 무너진 세도를 만회할 기회가 도래했으니 공자의 도道를 다시 밝히자고 시詩를 주고받았다. 그런데 윤휴가 주자의 〈감춘부感春賦〉의 운을 딸 때의 대화가 인상적이다.

> 윤휴: 시대는 비록 고금이 다를지라도 지금 형님의 뜻은 바로 옛 분의 마음과 같다고 할 것이니, 그 운대로 글을 써서 저에게 보여주시지 않겠습니까?
>
> 송시열: 어떻게 감히 그럴 수가 있겠나. 그것은 순舜 임금의 음악인 소韶를 연주하여 나를 부각하자는 일이니 화답하는 자네도 난처할 것이네.
>
> 윤휴: 그야 제각기 자기 뜻을 말한 것뿐인데 어떻겠습니까? 만약 그 일이 참람한 것이라면 저는 이미 그 죄를 저질렀는걸요(윤휴, 《백호전서白湖全書》 1권, 〈감춘부感春賦〉의 후기).

주자의 운을 따서 시를 짓는 일은 흔했지만, 송시열은 그 일이 마치 주자를 팔아 명성을 높이는 수단처럼 여겨져 마뜩찮았다. 주자는 경외스러운 산이기 때문이었다. 그에 비해 윤휴는 주자를 빌려 자기 뜻을 말하는 게 당연하다고 여겼다. 주자조차도 통과 대상에 불과할 수 있다는 의미심장한 대목이다. 그러면서 조금 경박하다 싶을 정도로 참람한 죄(?)를 고백했다. 그 말에 송시열은 어떤 느낌이었을까. 이후 송시열은 윤휴의 학문이 그르다고 지적하기 시작했다.

20대 중반에 접어든 윤휴는 그간의 폭넓은 공부를 바탕으로 자신의 견해를 덧댄 저술을 해나갔다. 〈사단칠정인심도심설四端七情人心道心說〉, 〈홍범설洪範說〉, 〈주례설周禮說〉, 그리고 훗날 논쟁을 불러일으킨 〈중용설中庸說〉 등이 그것이었다. 애초 그의 학설은 명쾌하고 호방해 서인들에게도 폭넓은 지지를 받았다. 노성老成한 서인으로는 안방준, 동년배로는 윤선거·민정중 등이 그를 높이 평가했다. 민정중은 효종에게 그를 천거한 최초의 인물이기도 했다. 심지원·원두표 같은 서인계 중신들도 효종에게 지속적으로 그를 천거했다. 효종 또한 그의 재능을 듣고는 시무時務를 묻기 위해 산림으로 초빙했다. 그러나 윤휴는 마침 병중이었고, 또 모친상을 당하여 출사하지 못했다.

예송, 바람을 예고하는 미풍

젊은 시절 북벌의 포부를 나누며 서로를 인정했던 윤휴와 송시열 사이의 미묘한 균열은, 학문과 정계의 위상이 높아갈수록 천리千里로 벌어졌다. 그들은 어느새 남인과 서인을 대표하는 산림이 되어 있었다.

처사 윤휴의 인생이 반전한 것은 현종이 즉위하고부터였다. 선왕 효종에 대한 자의대비慈懿大妃(인조 계비)의 복제 조항이 없었으므로 예학의 대가들이 의견을 내었는데, 윤휴는 국왕에 대해서는 상하가 모두 참최斬衰(3년)를 입는다고 주장했다. 송시열은 효종이 차자로 승계했으므로 예외가 될 수 있다는 의견을 조심스레 내었다. 윤휴는 그 규정은 왕실의 지파支派나 사대부에게나 해당하지 제왕가는 예외라고 즉각 반박했다. '기해예송'의 시작이었다.

윤휴는 종법에서 제왕가의 특수성을 인정했고, 송시열은 종법의 보편성을 강조했다. 겉으로 보면 그랬다. 그런데 애초 송시열의 의도 또한 왕가의 특수성을 부정하자는 것은 아니었다. 송시열도 본래 '제왕帝王의 제도는 가볍게 의논하기 어렵다' 했고, 예禮 또한 '고금에 따라 차이가 있다'고 했다. 예에 대한 견해는 다양할 수 있었지만, 문제는 윤휴의 예설이 바탕을 둔 사고였다.

윤휴는 '왕의 예는 사대부와 서인과는 다르기[王者禮 不同士庶]' 때문에 '(자의대비) 역시 효종의 신하였으므로 마땅히 참최를 입는다'고 주장했다. 그러한 사고는 장차 '하늘을 대표하는 국왕의 절대성', '군신은 부자父子 관계', '왕권의 절대적 우위'로 발전할 수 있었다. 송시열은 그 점을 감지했다. 송시열은 '자식이 어머니를 신하로 삼는 의리는 없다'는 주자의 견해를 들어 윤휴를 비판했다. 그것은 '천하에 보편적인 것은 오직 예법이다[天下同禮]'라는 사고였으며, 나아가 '국왕은 사대부의 대표자', '군신은 의리로 맺어진 관계[義合]', '신권의 자율성 강조'로 발전할 수 있었다.

송시열과 윤휴를 중재하려 무던히 노력했던 윤선거尹宣擧는 또 다른 측면을 보고 있었다. 그는 예송에 뛰어든 윤휴를 말렸다. 논쟁이 격화되면 견해가 극단으로 치달을 것이고, 정치 문제로 번진다면 돌아올 수 없는 다리를 건널 것이기 때문이었다. 하지만 윤휴는 예를 바로잡는 것이야말로 의義를 바로잡는 것이라며 물러서지 않았다.

자의대비의 상복은, 윤휴도 송시열도 아닌, 국제國制에 따라 기년期年(1년)으로 결정되었다. 그렇지만 논쟁은 끊이지 않았다. 이듬해 허목은 효종이 '차자로서 장자[次長子]'가 되었기에 '종통을 계승한 장자이자 적통[正體]'이므로 자의대비의 복제는 자최齊衰(3년)에 해당한다고 주장해 논쟁이 복잡해졌다. 허목의 주장은 '차자가 장자가 될 경우'를 고증한 것으로, 국왕의 특수성을 강조한 윤휴와는 다른 논리였다. 그렇게 보면 기해예송의 초기 단계에는, 1년설 주장자 중에도 국제國制 지지자와 송시열 지지자가 있었고, 3년설 주장자 중에도 윤휴 지지자와 허목 지지자가 있던 셈이었다. 그리고 각 논의의 지지자는 꼭 정파만으로 구분되지도 않았다. 그 와중에 윤선도가 송시열이 효종의 종통을 부인한다고 상소해 정치 문제로 비화했고, 훗날의 불씨로 잠복했음은 앞의 송시열 편에서 본 바다.

관계에 진출해 북벌을 꿈꾸다

기해예송을 거치며 윤휴는 송시열에 버금가는 명성을 지니게 되었다. 그는 주로 《중용》과 《대학》 관련 서적을 저술하고, 마을에서 사창社倉과 향약을 운영하기도 하며 경륜을 길렀다. 오래도록 수련한 학문과 경륜을 실천할 기회는 숙종이 즉위하면서 찾아왔다.

1674년(현종 15) 효종비 인선왕후가 승하하자 2차 예송으로 불리는 갑인예송이 전개되었다. 현종은 이번에는 기년복을 수용해 대공복大功服(9개월)을 주장하는 서인들을 질책하다가 이내 승하했다. 숙종은 현종의 뜻을 따랐고, 송시열 등을 귀양 보낸 후 남인 중심의 정권을 조성했다.

숙종 초에 성립된 남인정권에서 재야 유생을 대표하는 산림山林이 윤휴와 허목이었다. 이미 80세를 목전에 앞둔 허목의 출사는 상징성이 강했던 반면, 58세로서 학문이 원숙기에 접어든 윤휴는 자신의 오랜 구상을 의욕적으로 실천하려 했다. 숙종 초반 그는 과감한 정책을 잇달아 내놓았는데, 큰 것만 간추리면 호포戶布와 지패紙牌 실시, 오가작통법五家作統法의 실시, 병거兵車(전차) 제작, 도체찰사都體察使 설치 등이었다.

호포는 군포軍布를 호戶 단위로 징수하는 것이다. 호포는 양역良役에 대한 근본적 개혁으로 자주 거론되었는데, 관료 대다수는 사족과 양인 사이에 명분이 흐트러지며 실행이 어렵다고 차일피일 미뤄왔었고 당시에도 실시되지는 않았다. 지패 실시는, 그동안 많은 문제를 야기해 설치·혁파를 거듭했던 호패號牌 대신에, 만들기 쉽고 신분이 바로 노출되지 않는 종이 호패(지패)로 바꿔 민의 반발을 줄이자는 것이었다. 오가작통법은 오가五家를 1통統으로 만들어 면리의 하부에 두고 대민 파악의 효율을 높이자는 정책이었다. 지패와 오가작통법 역시 그동안 많은 논의가 있었는데 윤휴의 제안으로 바로 실시되었다. 그러나 지패는 오래지 않아 다시 호패로 바뀌었고, 다만 오가작통법은 꾸준히 유지되었다.

윤휴의 독창적 구상은 병거 곧 전차의 제작과 도체찰사부 설치였다. 그가 구상한 병거는 공격·방어·물자 유통 등에 유용한 다목적 기구였으며, 병거 사이에 총을 연발할 수 있는 화차火車와 함께 쓰이는 것이었다. 그의 강력한 주장으로 몇 대를 시험 삼아 만들었고 숙종도 열람했으나, 지형에 맞지 않고 물력이 든다는 이유로 정지되었다. 도체찰사는 의정부의 정승이 1도道 이상 지역의 군정을 다스리는 임시기구였으나, 윤휴는 상설기구화하고 관할권도 넓히자 했다. 그의 주장으로 설치된 도체찰사에 영의정 허적이 취임했고 실제로 외방 8도의 군권을 관장했으나, 군통수권의 일원화를 경계한 숙종에 의해 훗날 남인이 몰락하는 빌미가 되었다.

윤휴가 주장한 개별 정책을 하나로 꿸 수 있는 끈은 북벌北伐이었다. 젊은 시절 병자호란을 경험한 윤휴는 송시열과는 다른 방식으로 북벌을 꿈꾸었다. 송시열은 북벌의 정신으로 내수內修하자 했으니 이념적 측면에 주목한 셈이었다. 반면 윤휴는 실제 북벌을 구상하고 그에 준하는 국가 운영을 계획했다. 호포를 통해 국부의 증대를 꾀하고, 지패와 오가작통을 통해 주민 통제를 강화했다. 병거는 전술이었고, 도체찰사는 지휘부였다.

윤휴는 숙종 즉위 초에 북벌을 주장하는 비밀스런 차자箚子를 올려 숙종과 고위 관료들을

호패號牌와 화차. 윤휴가 구상한 병거의 모습은 전하지 않는다. 윤휴는 병거에 화차를 간간히 섞어 사용하자고 주장했다. 사진의 화차는 조선 초기 문종 때의 화차를 1980년에 복원한 것이다(행주산성기념관 소장).

* 명나라 장수였다가 청에 투항해 번왕藩王이 되었던 오삼계·경정충·상지신尙之信 등이 1673년(강희 12, 현종 14)에 일으킨 반란으로 '삼번三藩의 난'이라고 불린다. 1681년에 평정되었다. 반란 소식을 전해들은 조선의 지식인들은 오삼계 등이 복명復明의 대의를 내세우기를 바랐다.

* 정성공은 명이 망한 후 금문金門, 대만臺灣 등을 근거로 항청복명抗淸復明운동을 벌여 한때 남경 공략을 시도했다. 그의 운동은 자손 정경鄭經·정극상鄭克塽이 계승했는데 1683년(강희 22, 숙종 9)에 청에 항복했다.

놀라게 했다. 현종 초반 남명南明마저 망했기에 군사적 북벌은 의미가 사라졌으며, 단지 그 마음만을 새기자는 것이 조정 분위기였다. 그러나 윤휴는 오삼계吳三桂의 반란*과 정성공鄭成功 등의 복명復明운동*을 들면서 기회 있을 때마다 그들과의 연합을 주장했다.

만약 윤휴가 재야에 있을 때 이런 계책을 내었다면 큰 문제가 아닐 터였다. 당시 재야의 선비 가운데도 오삼계에 호응해 조선의 북벌 방략을 논하는 경우가 왕왕 있었다. 그러나 고위 관료가 이런 계책을 내세운다면? 내부 개혁론이야 그렇다 쳐도, 오삼계·정성공과 연합하자는 정보가 청에 알려진다면? 윤휴가 의견을 올릴 때마다, 비변사에서는 막기에 급급했다. 병거 제작에서도 생각이 달랐다. 비변사를 대표하는 영의정 허적은 애초부터 제작에 소극적이었다. 그는 산성 수축을 통한 방어체제 구축에 열심이었으므로 병거 또한 수비용으로 생각했던 것이다. 북벌을 위한 병거를 누차 강조했던 윤휴는 이내 허적과 갈등했고, 청의 의심을 살까 염려한 숙종은 결국 제작을 중지시켰다.

윤휴의 관직 생활은 겉으론 화려해 보였지만, 숙종 초반 반짝였을 뿐이며 이후에는 진퇴를 거듭했다. 이상적인 그러나 비현실적인 계책을 줄곧 건의했던 그는 노련한 정치가는 결코 아니었고, 남인 내에서조차 큰 지지를 받지 못하는 형편이었다.

삼대는 이상이지만 실현 가능한가

북벌을 정점으로 한 윤휴의 군사·외교적 구상은 노련한 처신은 아니었다. 하지만 대민안정을 목표로 한 윤휴의 내정 개혁안은 상당한 파급력을 지니고 있었다. 그중 호포제 실시는 단연 돋보이는 주장이었다. 호를 단위로 군포를 징수하면 그동안 관행적으로 군포를 내지 않았던 사족들도 징수 대상이 되므로, 일반 양인의 조세 경감과 군역의 균등화를 동시에 달성할 수 있었다. 말하자면 호포제는 특권층이 되어버린 양반을 구조조정하자는 정책이었다.

양반에 대한 구조조정, 그것은 윤휴가 삼대三代에 실현되었다는 고대의 전제적 국가 통치를 이상적으로 보았기에 나올 수 있었다. 그 모델은 국왕을 정점으로 한 국가가 백성 일반에 대한 일원적 통치를 추구한다. 따라서 국왕과 일반민을 매개하는 사족을 비롯한 특수한 신분층의 자율성은 협소해진다. 그의 구상은 요즘 식으로 말하면 국가주의적 개혁이라 할 수 있었고, 정책 실행은 위로부터의 통제와 법 위주가 될 수밖에 없었다.

통제 위주의 개혁은 지배층의 근간인 사대부와, 일반민 모두의 반발을 야기했다. 유민流民을 엄격하게 제한하는 명령과 뽕나무 권장 등이 일례였다. 두 명령은 민심을 얻지 못했을 뿐더러 현실성도 없었던지라 집행자인 일선 관리들은 손을 놓아버렸다. 중앙정부에서 다시 채근하면 밑에서는 모든 원망을 윤휴에게 돌렸다고 한다.

일련의 개혁책이 책상 위에서 끝났던 데는 윤휴의 경험 부족도 컸지

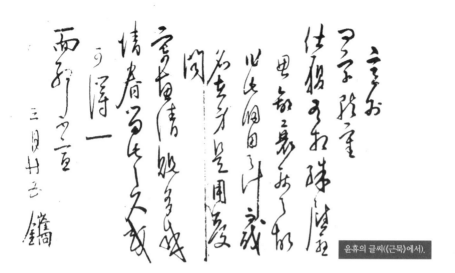

만, 국가주의적 정책이 시대와 불화했다는 이유가 더 컸다. 16세기 이래 조선 사회는 고대의 전제적 모델 대신 유학의 중세적 모델이라 할 수 있는 사대부의 자율성에 기반한 체제가 공고화되었다. 그런 현실에서 윤휴가 주장한 것처럼 사대부의 특권을 제한하고 공공의 복리를 꾀하는 일은 적어도 수십 년에 걸친 과제였다. 이는 대동법의 전국적 시행에 100여 년이 걸렸던 것에서도 쉽게 확인할 수 있는 사실이다. 호포제조차 영조대에 들어서야 그것도 부분·절충안인 균역법均役法으로 실현되었다.

개혁이 요원해질수록 윤휴는 국왕에게 더욱 매달렸고, 사대부는 물론 관료와 척신戚臣들과도 멀어졌다. 숙종 초 집권한 남인은 허적을 중심으로 한 관료군과 윤휴·허목을 중심으로 한 산림세력으로 분열해 이른바 탁남濁南과 청남淸南이 형성되었다.

남인 위주의 정권이었지만, 서인 출신으로 건재했던 척신들은 더욱 조심해야 할 대상이었다. 당시 대표적인 척신은 숙종의 모후인 명성왕후(김육의 손녀) 집안이었다. 숙종 즉위 초에 명성왕후와 국구 김우명은 복창군·복평군*이 궁중의 나인과 간통했다며 강경한 처분을 주장했다. 그때 윤휴는 명성왕후의 정치 간여를 비판했는데, 비판 가운데 '자성조관慈聖照管'을 언급했다 하여 논란

* 인조의 3남인 인평대군麟坪大君의 아들들로서 복창군·복선군·복평군이다. 숙종의 종숙부(5촌)로 이른바 '3복福'으로 불렸는데, 경신환국 때에 역모죄로 모두 사사당했다.

이 되었다. 윤휴는 "궁중의 일 가운데 자전(명성왕후)의 생각이 미치지 못하는 곳은 성상(숙종)이 유념하여 단속[照管]하소서"라고 상소했는데, 서인에서는 이를 '명성왕후를 단속하라'로 해석해 그가 모자(명성왕후와 숙종) 사이를 이간했다고 주장했다.

1680년(숙종 6) 숙종은 비대해진 남인의 군권을 서인 척신계로 바꾸는 비상한 조처를 단행했고, 곧이어 복창군 형제와 허견(허적의 서자)이 역모를 꾸몄다는 고변이 들어오자 남인을 정계에서 완전히 도태시켰다. 이것이 이른바 '경신환국庚申換局'이었다. 경신환국으로 윤휴 또한 사사되었다. 그의 죄목은 숙종에게 명성왕후를 단속하라고 청한 것, 도체찰사 설치를 주장한 것, 그리고 역모에 간여했다는 것이었다.

내 방식대로 주자를 해석하리?

윤휴는 정치 투쟁에서 밀려 사사되었다. 하지만 그는 반대파에게 유학을 어지럽히는 무리라는 의미의 사문난적斯文亂賊으로 몰렸기에, 그의 사상은 20세기 초까지 금기시되었다. 그의 저술은 1927년에야 《백

호문집白湖文集》으로 공개되었고, 1974년에 비교적 완전한 전서全書가 나왔다. 그 이유가 경전을 주자와 다른 방식으로 해석했기 때문이란 것은 잘 알려져 있다. 도대체 그가 얼마나 파격적인 주장을 했기에 사문난적이 되었을까?

윤휴의 경전 해석은 20대부터 시작해 만년까지 이어졌고, 주요 경전 대부분을 망라했다. 그중 가장 공들인 저작을 《독서기讀書記》로 남겼는데 거기에 《효경》, 《중용》, 《대학》을 비롯한 유교경전 대부분을 나름대로 해석해 놓았다.

《효경》은 공자와 증자의 효도에 대한 대화를 편집한 책으로, 효는 모든 행실의 근본이며 나아가 사회와 국가의 운영 원리임을 강조했다. 곧 개인 덕목인 효와 국가에 대한 충忠은 본질적으로 같은 개념으로, 군주에 대한 충은 어버이에 대한 효처럼 절대적임을 강조했다. 가家의 확장이 국國이기에 천하는 한집안이고 따라서 군주는 천天을 대표하는 존재로서 그 권위가 절대적이다.

《대학》과 《중용》은 본래 《예기》의 한 편이었는데 그 중요성 때문에 한대漢代부터 주목받았다. 주자는 여러 해설을 종합해 《중용장구中庸章句》, 《대학장구大學章句》를 지어 《논어》, 《맹자》와 함께 사서四書의 반열에 올려놓았다. 그런데 주자는 본래의 《대학》, 이른바 《고본대학古本大學》의 일부 순서를 조정하거나 빠진 부분을 '격물치지장格物致知章'으로 지어넣어 후세에 논란이 야기되었다. 조선에서는 주자의 《대학장구》를 매우 신봉했음은 물론이다.

윤휴 해석의 가장 큰 특징은 《효경》의 사친事親 정신을 《중용》, 《대학)의 사천事天 정신과 동일하게 파악했다는 게 학계의 대체적인 평가이다. 천天은 만물의 어버이로서 자연과 인간을 지배하기에, 인간의 입장에서 효의 대상은 어버이, 군주, 하늘로 확대된다. 천天은 주자가 강조하는 천리天理 곧 형이상形而上의 질서가 아니라, 인격적 존재이고 국왕은 천을 인간 세상에서 대신하는 존재로 파악된다. 따라서 사회 정책 또한 국왕 혹은 국가를 중심으로 전개될 수밖에 없다.

　유학의 경전과 관련해서는 《중용》과 《대학》의 주자 '장구章句'에 대해 〈고본〉의 중요성을 강조했으며, 주자처럼 순서를 달리하거나 때론 해석을 달리했다. 송시열이 그를 철학에서부터 배척한 이유가 여기에 있다.

　그런데 그 정도의 해석이 사문난적이라 몰릴 만한 수준일까? 윤휴는 자신의 주장이 미칠 파장을 예감했다. 그래서 자신의 학문하는 태도를 밝혔다.

　　혹자: 자네의 말이 참으로 이상하다. 자네의 말대로라면 주자의 가르침과 학문이 아무런 의의가 없을 뿐만 아니라 도리어 도道를 해치게 될 것이다. 주자의 고명하고 탁월한 식견은 이처럼 소홀할 리가 없으니, 나 같은 좁은 견해로는 경솔하게 논할 일이 아니다.
　　윤휴: 그러한 말이 아니다. …… (주자의 학문은) 진실로 명백하고 드높아 배우는 자들이 잃어버릴 수 없는 것이다. …… 천하의 의리는 진실로 무궁하고 옛 경서經書의 말은 미묘하고 뜻이 깊으니, 오로지 군자의 말이라야 후세에 누누이 토론될 것이다. 어찌 일찍이 한 가지 말에 고정되어서 그 학설만이 옳다고 할 수 있겠는가. …… 까닭에 주자께서도 일찍이 말하길 "하찮은 말일지라도 잘 살펴

文公先生像

〈주자 초상〉(작자미상). 주희朱熹(1130~1200)는 성리학을 집대성해 유학사에 큰 전기를 마련했다. 사후 그의 학문은 주자학으로 불리며 19세기까지 동아시아 관학官學을 대표했다. 윤휴는 유교경전을 주자와 달리 해석할 수 있다는 입장이어서 송시열과 대립했다.

**17세기 조선
지식인 지도**

김장생·김집   김 육   장 유   송시열

야 하고, 후세의 군자를 기다려야 한다"고 했다. 지금 내가 의문이 하나 생겨 감히 침묵하지 못하고 그대에게 질문하는 것도 실로 주자의 뜻인 것이다(《백호전서》 25권, 〈사단칠정인심도심설四端七情人心道心說〉).

이와 같은 언설은 문집 곳곳에서 볼 수 있다. 경서 해석을 달리한 윤휴의 입장은 다음과 같지 않았을까. 나는 주자의 학문적 공적을 인정하고 존경한다. 하지만 주자 또한 자신이 처한 상황에서 유학의 근본정신을 해석했을 따름이다. 지금 조선에서는 어찌해야 하는가. 주자의 해석을 곧이곧대로 적용하는 것은 오히려 겉모습만 닮는 일일 수도 있다. 중요한 것은 조선 현실에 맞게 주자를 재해석하는 일이 아닐까. 다시 말하면 주자의 재해석이야말로 그의 뜻을 진실로 계승하는 일일 아닐까.

이견을 수용하는 넉넉함에 대한 아쉬움

모든 사상은 그 사상이 발원한 기본 정신을 가지고 있다. 개조開祖의 정신은 곧이어 문자로 정착되어 고정된다. 그중 일부는 정경正經(canon)의 지위를 획득하고, 부동의 권위를 지닌 교리로 굳어진다. 하지만 정통화된 교리는 개조의 정신을 얼마만큼이나 지니고 있는 것일까. 기성화된 교리는 생동하는 개조의 정신을 얼마나 반영하고 있는지 항상 고민하고 겸손해져야 하지 않을까. 만약 그렇지 않으면, 뜻있는 이들이 고민하고 근본으로 회귀하는 일은 필연일 것이다.

윤휴 본인은 주자를 반대할 생각이 없었고, 오히려 주자의 정신을 따

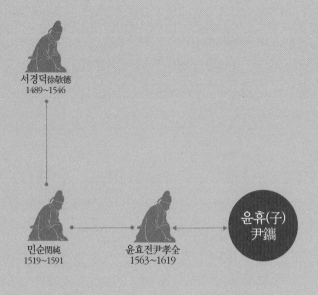

● 뚜렷한 사승
■ 간접적 영향
▲ 혈연관계

서경덕徐敬德
1489~1546

민순閔純
1519~1591

윤효전尹孝全
1563~1619

윤휴(子)
尹鑴

른다는 신념을 가졌다. 하지만 송시열 등은 주자를 따르는 또 다른 길, 해석의 가능성을 용납할 수가 없었다. 국가 재건의 방향이 다르게 흐를 수 있었기 때문이었다.

윤휴가 제기한 대안은 정치적으로 문제되지 않는 범위에서 유형원·정약용 등을 통해 이어졌고, 국가주의적 기획은 영조·정조의 정국 운영에 상당한 영향을 주었다. 영조는 유학의 시비는 국가와 무관하다고 선언해 유학의 틀 내에서는 더 이상 시비가 강렬하게 전개되지도 않았다. 그럼에도 윤휴가 대한제국 끝 무렵인 1908년에야, 조선의 문제적 인물 수십 인과 함께 비로소 복권된 것은 권력화한 주자학의 독선獨善이 드린 어두운 그림자일 것이다.

김장생·김집   김 육   장 유   송시열

〈윤휴 영정〉(작자미상, 윤용진 소장).

이단관과 사문시비

異端觀

斯文是非

유학에서 '이단異端'이란 말은 공자가 "이단을 공부하는 것은 해로울 뿐이다"(《논어》〈위정〉편)라는 말에서 유래한다. 공자가 지칭한 이단은 그 대상이 명확치 않다. 다만 《논어》에는 공자의 노력을 기롱하는 은자들이 종종 등장해 그들을 지칭한 것일 수도 있겠는데, 다른 길을 걸었던 그들에 대해 공자는 뚜렷한 적대감을 드러내지는 않았다.

이단 배척의 논리, 이른바 '벽이단闢異端' 논리를 체계화한 이는 맹자이다. 맹자는 전국시대에 유가儒家만큼이나 영향력이 있었던 양주楊朱의 '나만을 위한 사상[爲我主義]'과 묵자의 '무차별의 사랑 사상[兼愛主義]'이 각각 세상을 무군無君, 무부無父로 이끌 것이라며 비판했다. 나아가 농가農家, 명가名家 등의 제자백가도 논박했다.

제자백가가 횡행한 전국시대에 유학의 벽이단 논리가 강화되었다는 사실은, 다양한 사상이 사회 운영의 방향을 놓고 각축할 때 이단 논쟁이 증폭하고 있음을 보여준다. 그 논쟁을 통해 자파의 학설은 정밀한 논리를 가다듬고 정통의 권위를 획득하며 정체성을 강화해나간다. 맹자의 이단 비판 논리는 더욱 흥미롭다. 그는 "(이단은) 그 마음에서 나와 일에 해를 끼치며, 일에서 나와 정치에 해를 끼친다"(《맹자》 〈등문공〉)고 했다. 이단은 미묘한 차이에서 기인하지만 사회적으로 거대한 결과를 야기할 것이라고 동기론적 처분을 내렸던 것이다. 이단이라 지칭된 이들의 동기와 사업을 일상에서 쉬이 검증하기란 어려운 일이다. 따라서 이단 규정은 종종 학문하는 자세, 동기, 태도를 문제 삼아 거기서 발생하는 결과를 유추하고 부정하는 논리가 되기 십상이었다.

중국의 송宋 이후 등장한 성리학자들은 도교와 불교를 대표적 이단으로 논박했다. 조선에서도 그 기조는 내내 유지되었다. 거기에 더해 16세기 중반 이후에는 양명학陽明學 비판, 17세기에는 성리학 내부의 사문시비斯文是非 논쟁, 18세기 후반 이후에는 서학西學 배척 등이 전개되었다. 그중 사문

박세당 편저의 《사변록》(규장각도서).

시비 논쟁을 좀더 살펴보자.

　16세기 중반 이후 성리학에 대한 이해가 심화되고 학파學派와 정파政派가 긴밀하게 결합하면서, 이단 논쟁은 성리학의 정통성 및 정치적 이해와 관련해 일어났다. 이황을 중심으로 도통을 세운 남인은 주로 이이李珥를 비판했다. 이이가 한때 불교에 심취했던 사실, '기발이승일도설氣發理乘一途說'을 전개하며 '만일 주자가 이기호발설理氣互發說을 말했다면 주자도 잘못된 것'이라 한 이이의 언급 등을 들어, 그의 성리설이 양명학과 불교에 경도되었다고 비판했다. 그러나 이이에 대한 비판이 격렬한 정치적 문제로까지 확산되지는 않았다.

　사문시비가 가장 치열했던 시기는 17세기였다. 송시열을 중심으로 한 서인은 남인 윤휴를 사문난적으로 규정해 서인의 학문적 정통성을 세웠다. 17세기 후반부터 노론은 소론 박세당의 《사변록思辨錄》, 최석정의 《예기유편

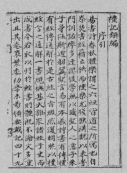

최석정이 엮은 《예기유편》(규장각도서).

《禮記類編》, 윤선거 · 윤증 부자의 학문과 저술에 잇달아 문제를 제기했다. 저술 당시엔 문제가 없었던 것들이다. 가령 윤휴의 저술만 보더라도 그 해석조차 애초부터 문제되지 않았고, 전후의 학자들과 비교해 보아도 그리 유별난 수준은 아니었다.

그렇다면 논쟁의 주원인은 주자 해석의 시비라기보다는 주자학을 대하는 태도 곧 '수용 방식'이라 할 수 있다. 주자 또한 학인으로 인정해 그 오류의 가능성을 인정할 것인가—그러면 수정주의 · 상대주의가 가능하다—아니면 그 정통성을 확고히 하고 주자 언술의 불일치를 봉합할 것인가—그 길은 교조화, 절대화의 길로 나간다—가 문제였던 것이다.

수정과 교조, 상대와 절대는 개인의 학술 차원의 문제였으나, 17세기의 비상한 상황은 그 일상적 사건을 역사적 사건, 즉 '사문시비'로 만들어버렸다. 양란 이후 기존의 사상 전통이 재구축되었고 새로운 모색을 위한 기준 수립이 중요해지면서 학파와 정치적 배경은 동요했다. 윤휴가 서인들과 자유롭게 어울리고, 1차 예송에서 정파와 상관없는 설이 난무한 것이 그것이었다.

　그러나 국가 운영의 방안을 두고 함께 모색 때론 공존하던 이들은 재구축 과정에서 결집, 분화했다.

　서인은 이 시기에 송시열을 중심으로 이념 정체성을 강화했고, 노론으로 굳어졌다. 그들이 이단시비의 주도권을 잡아나가자 수정, 상대주의적 경향은 설 땅을 잃었다. 이후 이단설은 심성에 대한 잘못된 견해가 잘못된 정치 결과를 낳았다는 논리로까지 나아갔다. 말하자면 '유학에 대한 잘잘못[斯文是非]'이 '충신과 역적을 가른다[忠逆是非]'는 것이었는데, 그런 사고는 숙종 후반에서부터 영조 초반에까지 가장 노골적으로 전개되었다. 그 논리는 영조가 사문시비와 정치의 연계를 부정하고 탕평정책을 지속하자 영향력이 현저히 약화되었다.

조선의 새로운 길 삼대三代의 이상

유형원柳馨遠

자字 덕부德夫, 호號 반계磻溪, 본관本貫 문화文化
1622(광해군 14) 서울에서 태어남. 1637(인조 15) 16세 병자호란 후 조부가 있는 전라도 부안에 왕래함.
1652(효종 3) 31세 《정음지남正音指南》을 지음. 1653(효종 4) 32세 전라도 부안현 우반동愚磻洞에 은거
하여 저술에 몰두함. 1654(효종 5) 33세 진사시에 합격함. 이후 과거에 응시하지 않음. 1656(효종 7) 35
세 《여지지輿地志》를 완성함. 1665(현종 6) 44세 《동사강목조례東史綱目條例》를 편성함. 1667(현종 8)
46세 조선에 표류한 중국인을 만나 문답함. 《주자찬요朱子纂要》를 완성함. 1670(현종 11) 49세 《반계수
록磻溪隨錄》을 완성함. 1672(현종 13) 51세 윤휴에게 편지를 보내 처신을 경계함. 1673(현종 14) 52세 우
반동에서 별세함. 1769년(영조 45) 《반계수록》을 간행함.

1667년 (현종 8), 임인관林寅觀을 비롯한 중국 복건 지방 사람들 백여 명이 풍랑을 만나 제주도에 표류했다. 그들은 이미 망한 명나라 옷을 입고 있었고 청이 강요한 변발辮髮도 하지 않았으며, 남명南明의 백성임을 자처했다. 재야 유생들과 많은 관료들이 명에 대한 의리를 들어 그들을 청에 보내지 말아야 한다고 주장했으나, 비슷한 일로 곤욕을 치루었던 조정에서는 청과의 마찰을 피하려 끝내 북경으로 압송했다.

임인관 등이 조선에 머무른 몇 개월, 전라도에 살던 한 학자가 그들을 찾아가 중국말로 대화하고 눈물 흘리며 시를 지어주었다. 그 학자는 자기가 사는 바닷가에 비선飛船 4~5척, 좋은 말, 활과 화살, 조총 등을 갖추어 주위 사람들에게 사용법을 가르치고 있었고, 중국에 이르는 수로와 육로를 파악하고 있었다. 그는 복수설치를 구체적으로 준비하고 있던 재야 학자였던 것이다. 그 학자가 우리에게 친숙한 반계磻溪 유형원柳馨遠이다.

필자는 강의에서 이 일화를 소개하며 학생들에게 소감을 물은 적이 있었다. 대부분의 학생들은 기존에 알고 있던 유형원과는 매우 다른 인상이라고 답했다. 토지제도 개혁을 주장한 실학자와, 중국어와 중국까지의 행로를 익히고 언제 쓰일지 모를 병장비를 갖추는 북벌론자는 하나의 이미지로 잘 연결되지 않았던 모양이다.

복수설치를 준비했던 유형원의 면면은, 그에 대한 행장이나 약전略傳이 쓰여진 후대의 정형화된 서술이기에 실제보다 과장된 측면이 없지 않다. 따라서 그 예는 극적인 대비만을 노린 좀 억지스러운 설정이다.

그러면 이런 예는 어떨까. 유형원은 달밤에 거문고를 탈 때 중국말로 《시경詩經》을 읊으며 고아한 흥취에 취했었다 한다. 그 같은 정경은, 실학자라면 으레 '조선적인 것을 자각했을 것이다' 라는 통념을 뒤엎는다.

두 일례를 통해 '유형원은 이중적이었다' 라고 규정하자는 것은 물론 아니다. 후대에 쓰여진 몇몇 전기에서 유형원을 대명의리에 충실하고 중국 문화에 심취한 선비로 그린 것은, 그 정형성에도 불구하고 그의 지향을 진솔하게 전하고 있다. 개혁에 대한 그의 염원과 대명의리, 중국 문물에 대한 갈구는 애초에 같은 것이었다.

그렇다면 문제는 유형원의 진면모를 이외로 받아들이는 현재에 있다고 볼 수 있다. 우리는 그의 또 다른 면모가 왜 그리 낯선 것일까? 무엇을 감지하지 못한 것일까? 원인은 그를 실학자로 정의하고, 암암리에 실학자에게서 근대인의 단초를 연상하는 단조로운 사고 패턴에 있다. 그 의문을 파헤치면 실학, 실학자에 대한 또 다른 이해가 가능할 것이다.

부안군 우반동에 핀 꿈

유형원의 집안은 세종 때 명재상인 유관柳寬 이래 대대로 관료를 배출한 명문이었는데, 그가 태어날 당시에는 북인과 남인계 인사들이 많았다. 부친 유흠柳惁은 21세에 과거에 급제한 재사才士였고, 모친은 우참찬을 지낸 이지완의 딸이었다. 유흠은 20대에 이미 예문관 검열에 올랐으므로, 만약 광해군정권이 그대로 유지되었다면 훨씬 높은 직에 올랐을 가능성이 높았다. 그러나 유형원이 태어난 바로 이듬해 인조반정이

김장생·김집   김육   장유   송시열

일어났고, 유흠은 '유몽인柳夢寅의 옥사'*에 연루되어 28세에 옥사했다.

부친의 죽음과 관련해 유형원이 심사를 직접 전한 글은 없다. 일생을 기록한 연보나 행장 등에도 부친

의 죽음 경위는 찾아볼 수 없다. 후대인들은 유형원에게서 북인을 연상할 수 있는 흔적을 애써 지운 셈이었다. 그 덕분인지 후대인은 유형원을 당대 정치 흐름에서 동떨어진 처사處士로 쉬이 받아들였다.

어린 시절 유형원을 가르친 이들은 외삼촌 이원진李元鎭과 고모부 김세렴金世濂이었다. 이원진은 성호星湖 이익李瀷(1681~1763)의 종백부從伯父로서 박학博學으로 이름났다. 김세렴은 문과에 장원급제한 수재로서 통신사로 일본에 다녀오는 등 국제정세에 능한 인사였다. 어린 시절 유형원은 그들에게서 《서경書經》을 비롯한 제자백가를 두루 배웠다. 하지만 훗날 학문에서의 자득自得을 강조하며 자신은 일정한 스승이 없었다고 회고했는데, 그것을 보면 10대 이후부터는 주로 독학한 듯하다.

유형원은 15세에 병자호란을 만나 원주로 피난했다가 이후 지평(현 경기도 양평)과 여주를 전전했다. 20대에는 할머니, 어머니, 할아버지의 죽음을 연이어 겪었다. 조부의 명으로 과거에 응시하기도 했으나 본시험인 정시庭試에서 낙방했다. 북인 후예의 등용을 용납하지 않았던 시절이니 사실 합격했어도 관인 생활이 성공적이었을지 의문이다. 병자호란을 겪고 명·청의 교체를 보며 세상사에 뜻이 없어진 그는 조부의 상복을 마친 32세에 전라도 부안군 우반동愚磻洞으로 훌쩍 내려갔다. 그곳은 조부가 병자호란 때 피난했던 곳이기에 일찍이 은거지로 점찍

어 둔 곳이다.

이후 유형원은 이따금 서울, 영남, 호남 등지를 다녀오는 것을 제외하고는 우반동에서 조용히 학문을 닦으며 살았다. 그의 서재에는 만권의 서책이 쌓여 있었는데 항상 새벽에 일어나 사당에 예를 드린 뒤에 서재로 들어가 진리를 탐구했다. 조용한 그곳에서 이따금 노루와 사슴만을 벗했으며, 달밤에는 거문고를 타면서 노래를 부르기도 했다. 공부에 강마한 지 20여 년, 52세의 유형원은 그곳에서 숨을 거두었다.

유형원의 학문적 관심은 방대했고 저술한 서적도 수십 권이었다. 대표작 《반계수록磻溪隨錄》을 비롯해, 《이기총론理氣總論》 등의 성리 철학서, 《지리군서地理群書》 등의 지리서, 《동사강목조례東史綱目條例》 등의 역사서, 《기효신서절요紀效新書節要》 등의 병법서 등이 그것이다. 제목을 보면 때론 저술하고 때론 편집한 듯한데 현재 《반계수록》과 약간의 글을 제외하고는 후세에 전하지 않으니 퍽이나 아쉽다. 그렇지만 《반계수록》 한 책으로도 청사靑史에 이름을 남겼을 뿐더러, 그 영향이 또한 지대했으니 그 사실로 위안삼을 따름이다.

《반계수록》, 새로운 국가 구상

《반계수록》은 어떤 책인가. 우리 고전 가운데는 유명세에 비해 읽히지 않는 책이 의외로 많은데, 유감스럽게도 《반계수록》 또한 그중 하나일 것이다. 그렇다고 독자가 주눅들 일은 아니다. '수록隨錄(일에 따라 편찬하고 기록함)'이란 가벼운 제목과는 전혀 다르게, 애초 만만히 읽힐 책은 아

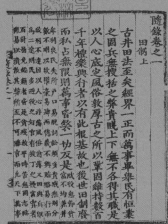
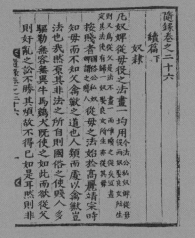

유형원의 《반계수록磻溪隨錄》 중 전제田制와 노예奴隸를 논한 부분. 그는 중농사상에 바탕을 둔 토지개혁을 주장했다. 전세·조세 등 현실적인 문제에서도 개혁안을 제시하여 후대의 성호학파와 북학파에게 지대한 영향을 끼쳤다.

니기 때문이다. 다만 딱딱하고 전문적인 책일지라도 교과서에 실리거나 하면 마치 전 국민의 의무 교양서처럼 인정받고 덩달아 권위를 인정하는 우리네 태도는 좀 사라질 필요가 있겠다. 고전을 현대적 감각으로 되살린 교양서로 재탄생시키는 학계의 노력도 응당 수반되어야 하겠지만.

《반계수록》은 총 26권으로, 국역하면 대략 300쪽 정도의 책 네 권 분량이다. 그중 '전제田制 개혁'을 논한 것이 여덟 권, '교육과 인재 선발[敎選]'을 논한 것이 네 권, '관직 임용·운용·녹봉[任官·職官·祿]'을 논한 것이 여덟 권, '군대 제도[兵制]'를 논한 것이 네 권, 그리고 기타 주제를 논한 속편이 두 권이다. 각 주제에서는 먼저 자신의 개혁책을 말하고 역사적으로 고찰하는 방식을 택했다. 첫머리 〈전제〉 편은 개혁의 근본을 논한 것으로 책 전체의 핵심이다.

정전井田제도가 폐지되고 개인 점유가 무한해지면서 모든 일이 가리어지고 정반대로 되었다. …… 비록 임금이 정치를 잘하고자 해도, 전제를 바로잡지 않으면, 백성의 생활이 안정되지 않을 것이요, 부역도 고르지 못할 것이며, 호구도 밝히질 못할 것이고, 군사도 제대로 마련하지 못할 것이다. 법정은 매일 붐비고, 형벌은 만연하며, 뇌물이 횡행하고, 풍속이 아름답지 못할 것이다. …… 토지는 천하의 근본이니, 근본이 바르면 모든 일이 마땅하지 않을 것이 없고, 근본이 문란하면 모든 일이 마땅함을 잃을 것이다(유형원, 《반계수록》 1권, 〈전제〉 상).

모든 문제의 근원은 토지 문제였다. 토지 공유가 무너지고 사유가 나타나자 정치, 경제, 국방, 사법, 생활 모든 것이 제자리를 잃고 문란해졌다. 그러니 토지 문제를 바로잡지 않는 한 사회 부조리의 근원적 처방은 불가능했다.

유형원이 생각한 대안은 공전제公田制였다. 국가에서 백성에게 공전을 지급해 생활을 보장하는 대신, 농민은 조세와 군역의 의무를 진다. 조세와 군역의 의무는 지급한 토지를 기준으로 공평하게 부담한다. 나머지 경제 영역, 즉 운송·회계·상공업·화폐·시장 등은 공전제를 보조하는 성격을 갖는다. 국가가 주도하는 경제 혹은 사회주의가 연상되는데,

크게 보아 사회주의적 이상이 녹아있다고 보아도 무방할 듯하다.

토지 문제로 인해 사회 각 부문의 병폐가 생겨났으니, 토지제도를 바로잡은 후에 각 부문의 병폐를 교정하는 게 당연한 수순이었다. 전제 이후에는 교육·관직·병제에 대한 개혁책이 이어진다. 그런 점에서 《반계수록》은 '거시 국가 개조론'이라고도 볼 수 있다.

교육에서는 향약鄕約을 강화하고, 공교육 체계를 확립하자는 주장이 골자였다. 향약의 강화는 일반민에 대한 도덕교육 때문에 중시되었다. 공교육은 지방의 읍학邑學과 서울의 사학四學을 기반으로, 영학營學과 중학中學이라는 중등 기관, 태학太學이라는 고등 기관으로 일원화를 주장했다. 향교·사학·성균관 등의 공교육 기관은 이미 있었지만, 마치 요즘처럼, 조선 중기 이후에 부실해졌기에 이를 다시 혁신하자는 것이었다. 학교의 정원은 인구비례를 따르며, 능력 있는 백성의 자제도 입학하게 하고, 학교 운영비는 국가에서 부담할 것을 주장했다.

인재 등용에서는 과거를 폐지하고 공거제貢擧制를 사용하자고 했다. 시험 위주였던 과거에 비해, 공거제는 학자나 학교의 추천으로 인재를 선발하는 제도였다. 요즘으로 말하면 대학입시에서 내신 강화, 학교장 추천 등의 정책과 상통한다고 볼 수 있는데, 많은 폐단을 낳았던 과거의 대안으로 줄기차게 논의된 바였다.

관직의 임용과 운용, 관리의 녹봉은 임기 조정, 행정기관 통폐합, 재정 일원화, 지방 행정 체계화, 봉급 증액과 서리에게 녹봉 지급 등이 뼈대였다. 간단히 말해 구조조정을 통해 전문성과 효율성을 높이고 관료의 생활을 보장해 부정의 근원을 차단하자는 주장이었다.

병제에서는 개병皆兵에서 이탈해 모병募兵으로 운영되는 군제를 비판하고, 병농일치의 원칙을 다시 한 번 확인했다.

속편에서는 각종 의절, 의관, 언어, 도량형, 주택, 도로, 수레 사용 등 다양한 분야를 논했다. 그중 노비세습제의 비인간성을 비판하고 일단 종모법從母法*을 시행한 후에 궁극적으로 노비제를 폐지해야 한다고 주장한 것이 잘 알려져 있다.

* 부모 중 한쪽이 천인이면 그 자녀는 천인이 되는 것이 《경국대전》의 법제였으나, 17세기 중반 이후 모친이 양인이면 자녀를 양인으로 삼아 양인을 늘리자는 종모법이 많이 개진되었고, 영조대에 확정되었다. 대개 서인이 종모법을 주장했는데 유형원은 서인은 아니었으나 종모법을 주장했다.

삼대의 이상은 뜨거운 감자였다

토지에서 노비제까지, 당시 조선에서 이처럼 웅대한 구상으로 제도 개혁을 논한 책은 없었다. 물론 그 구상이 유형원 개인의 온전한 창조물일 수는 없었다. 학계에서는 대체로 유형원의 구상에 《주례周禮》가 강한 영향을 끼친 것으로 평가하고 있다.

《주례》는 주周나라의 제도를 전한다고 알려진 유학의 경전으로, 인정仁政과 교화敎化를 실현하는 치인治人과 치사治事의 방책, 예컨대 관제官制·예악禮樂·형법·농업·교육 제도를 설명한 책이다. 《주례》의 작자는 주나라의 기초를 놓은 주공周公이라 생각되었고, 따라서 그 방책을 실현한 주나라는 이상 국가로 인식되었다. 하지만 현대 학자들은 저술 시기를 전국시대에서 전한前漢 사이라고 추측하고 있다. 그렇다면 《주례》는 전국시대에서 전한에 이르는 시기의 이상적 국가관을 반영한

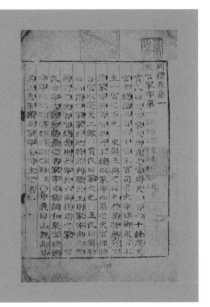

《주례周禮》는 고대의 이상 국가를 반영한 책으로 후대에 지대한 영향을 미쳤다. 왕망·왕안석·정도전은 모두 《주례》의 영향을 받아 국가주의적 개혁을 완성하려 했던 인물들이다.

책이라고 볼 수 있다. 그 시기에는 국가—민의 소박한 일체성과 거기서 파생하는 효율성을 이상으로 생각했다.

사회는 끊임없이 변화한다. 전국—전한 시기에 국가의 전제권이 확립되었지만, 이후 중국은 귀족 사회를 거쳐 사대부 사회로 진입했다. 그 경로는 우리의 경우도 마찬가지였다. 유학 역시 원시 유학에서 한漢·당唐 유학을 거쳐 사대부 사회에 부응한 성리학으로 발전했다. 따라서 중세적 세계관을 대표하는 사대부가 볼 때, 고대 국가의 이상이 반영된 《주례》는 그 권위에도 불구하고, 전제적이고 복고적일 수밖에 없었다.

그런데 문제는 《주례》 정신의 재해석은 사대부의 특권을 부정하는 원천이 된다는 점이었다. 그 방향은 사대부를 포함한 민民 전체에 대한 국가의 주도권 확보였는데, 그 뿌리에 토지 문제가 있었다. 《주례》 방식대로 공유를 실현한다면, 그것은 사유私有에 기반해 지주로 존재했던 사대부들의 존립 근거를 궁극적으로 부인하는 것이었다.

그 같은 폭발력 때문에 《주례》는 항상 대안이었고 그 이상을 실현하려 했던 이들은 대개가 실패했다. 전한前漢을 멸망시키고 신新나라를 세운 왕망王莽(BC 45~AD 23)은 《주례》를 모델로 한 개혁을 시도했다가, 15년 만에 멸망하고 자신은 살해당했다. 북송의 왕안석王安石(1021~1086)은 분배정의, 국가와 관리 체계의 혁신을 지향한 변법變法을 시도했으나, 후대에 '실패한 개혁의 대명사'가 되었다. 조선 초기 정도전은 《주례》에 기초해 왕조를 설계했으나 끝내 살해당했다. 급진 정책만이 실패의 원인이라고 볼 수는 없겠지만, 그들이 맞이한 결과는 현실에서 《주례》의 이상을 기획하는 일이 얼마나 어려웠는지를 보여준다.

조선 후기에도 그랬다. 정전제井田制*를 예로 들어보자. 정전제는 《주례》를 비롯한 다수의 유교경전에서 이상적인 제도로 소개했기에 그 정당성을 부정한 성리학자들은 없었다. 그러나 대부분의 학자, 정치가는 '현실에서는 시행이 어렵다'는 난행難行을 말할 수밖에 없었다. 주자 또한 정전제의 실현가능성에 회의적이었으니, 난행론은 성리학의 오랜 전통이었다. 정전제 혹은 정전의 정신을 살린 공전公田에 대한 논의는 결

* 토지를 우물 '井' 자 모양으로 9등분하여 여덟 농가에게 분배하는 제도이다. 중앙의 공전公田은 공동 경작하여 국가에 바치고, 나머지는 각자 경작하여 자급한다. 주례 외에 맹자·시경·예기 등에 이상적인 토지제도로 소개되어 있다. 조선시대에는 기자箕子가 평양에 이를 실현했다고 생각했었다.

국 책상에서만 실현가능한 논의였던 것이다.

《주례》와 비슷한 기획이 담긴 《반계수록》 또한 이상적이란 평가가 앞섰다. 절친한 친구 정동직과 배상유가 그 책을 보고 내린 평가가 다음과 같았다.

> 그대의 국가 계획과 다스림의 방책은 정말로 면밀하다. 하지만 오제五帝나 삼왕三王의 예악禮樂도 시대마다 달랐으니, 현실과 사리에 따라야지 옛 제도에 얽매여 급작스럽게 고칠 필요는 없다. 나라를 잘 다스리는 자는 시세를 헤아려 마땅한 제도를 구하고 법을 잘 운용하는 자는 폐단에 따라 능란하니, 능란함이 많아야 정치가 잘 흐르고, 뭇사람에 맞추어야 백성이 편해진다. …… 그대가 말세의 잘못된 풍속을 고친다 하여, 옛날의 이상적인 제도로 돌아가자 하는데 또한 어렵지 않겠는가?(유한준, 《자저自著》15권, 〈유형원전柳馨遠傳〉)

18세기 개혁의 나침반

《반계수록》은 당시 몇몇 인사들에게 읽혀졌으나 크게 주목받지는 못했다. 유형원이 별세한 지 몇 년이 흐른 1678년(숙종 4)에 절친한 친구였던 배상유가 조정에 소개했으나 별 반향이 없었다. 남인 집권기였음에도 사정이 그러했다. 성리학에 기반한 사대부 사회를 지향했던 당시에, 그의 구상은 뜻은 좋아도 실용에 맞지 않는 오활迂闊한 것이었다. 17세기 후반까지 《반계수록》에 관심을 갖거나 칭찬했던 저명한 인물을 꼽자면 영남 남인의 영수 이현일, 소론의 영수 윤증 정도였다.

유형원과 《반계수록》이 새롭게 조명되기 시작한 것은 17세기가 저물고 국가 갱신의 방향이 활발하게 논의되었던 영조대 이후였다. 이익李瀷은 유형원의 학문을 계승해 학파를 일구었고 그 학풍은 정약용丁若鏞으로 이어졌다.

새로운 조명과 더불어 유형원의 면모 가운데 '대명의리에 충실했던 처사'로서의 모습이 유난히 강조되기 시작했음은 앞에서 본 바와 같다. 영조 초반 남인 관료를 대표한 오광운은 나아가 그의 학문이 성리철학과 불가분의 관계에 있음을 강조했다.

대저 정자程子와 주자朱子 같은 현인은 삼대三代의 다스림에 뜻을 두어 분발했는데, 그들의 저술은 도道(원리)에 자세하면서도 기器(방안)에 미비했던 것은 왜일까? 그때는 맹자가 살았던 때와는 이미 멀어져서 바른 도를 찾을 길이 없었기에, 도를 천명하기에 바빴던 것이고 기는 돌아볼 겨를이 없었다. …… 그러나 정자나 주자 이후에 도는 밝아졌다고 말할 수 있으나, 기는 여전히 찾을 수 없다. 도가 기와 떨어져서 홀로 작용했던 시절이 있었겠는가? …… (나는) 선생이 저술한 이기理氣, 인심도심人心道心, 사단칠정四端七情에 대한 논설을 읽어보았다. 그 순수하고 정심한 논의는 근세 학자들이 미칠 바가 아니었으니 비로소 도와 기가 서로 떨어지지 않는다는 사실을 깊이 믿게 되었다(오광운, 《반계수록》, 〈서문〉).

오광운에 의하면, 유형원은 공리주의자도 변법주의자도 아닌 '진정한 성리학자'였다. 그는 철학에 치중하느라 상대적으로 경시된 성리학의 현실적 측면을 보완했기에 유학사에 길이 남을 업적을 세운 셈이었다.

오광운이 《반계수록》의 서문을 쓰고 행장을 정리한 시기는 1737년 (영조 13)경이니, 영조대 남인들은 한편으론 학문을 계승하면서 다른 한 편으론 주류 사상에 접목하는 일을 수행했던 것이다.

　영조대 중반으로 가면 당파가 달랐던 소론, 노론의 학자와 관료를 비롯해 국왕도 《반계수록》에 주목한다. 1741년(영조 17) 윤증의 제자로 영조가 총애한 양득중은 영조에게 《반계수록》을 추천했고, 영조는 세월이 지난 1769년(영조 45)에 이를 간행하고, 유형원의 후손을 우대했다. 소론의 탕평파 관료 조현명, 노론 학자 박윤원·김용겸 같은 이들도 《반계수록》을 베껴보며 유형원을 대표적인 '경제지사經濟之士'로 칭송했다. 노론이었던 박지원朴趾源이 〈허생전〉에서 허생의 입을 빌려 유형원을 족히 군량을 조달할 수 있던 인물로 그린 일은 유명하다.

　당시 노론 인사들은 유형원이 북인 출신이었던 점이 못내 걸린 모양이었다. 노론 인사 유한준이 쓴 〈유형원전〉에는 이례적으로 유형원의 부친 유흠의 죽음을 기술하며, "인조가 유흠의 억울함을 알고 만약 그를 살렸더라면 중용했을 것"이라는 후기까지 덧붙였다. 또 유형원은 동서분당의 원인을 제공했던 서인 정철을 비교적 공정하게 평가했으며, 윤휴와 한때 친했으나 "(윤휴가) 조정에 나가면 반드시 패할 것이다"라고 말했다고 하여, 그(유형원)는 다른 북인이나 남인과 달리 "사리에 밝고 공평해 왕을 보좌할 재주가 있는 자"라고 칭찬했다.

　유한준의 기록은 18세기 노론 지식인이 윤휴와 유형원을 어떻게 생각하고 있었는지는 잘 보여준다. 개혁의 틀에 관한 한 둘 사이의 차이는 크지 않았으나, 윤휴의 학문은 금기시되었던 데 비해 유형원의 경세

김홍도가 그린 〈담와홍계희평생도〉 중 일부(18세기, 국립중앙박물관 소장). 균역법 제정을 주도하였던 홍계희는
《반계수록》의 애독자였다. 그는 영조대에 많은 사업을 주도했으나, 본인은 사도세자 죽음에 관련되었고, 후손
은 정조 초반 역모의 주모자가 되어 일족이 몰락했다.

17세기 조선   김장생 · 김집   김 육   장 유   송시열
지식인 지도

학은 매우 높은 평가를 받았던 것이다.

유형원이 제시한 여러 개혁책은 영·정조대에 매우 진지하게 논의되었고 일부 제도에 녹아들었다. 《반계수록》을 실제 개혁에 응용한 대표적 인사는 노론 관료 홍계희였다. 그는 젊은 시절 《반계수록》에 심취해 제도 변통에 뜻을 두게 되었다. 훗날 유형원의 제시대로 주현州縣 합병의 당위성을 강조했고, 토지를 기준으로 양역良役을 부과하자는 결포結布를 주장했다. 결포는 비록 실현하지 못했으나, 홍계희는 공평과세가 일부 실현된 균역법均役法을 입안하고 실무자로 크게 활약했다.

정조 또한 유형원의 애독자였다. 정조는 집권 초반 군제軍制 개편을 논할 때 유형원의 저술을 인용했을 정도로 이미 탐독한 바가 있었다. 《반계수록》에 대한 평가의 절정은 화성華城(수원성)을 건설할 때였다. 유형원은 《반계수록》〈보유補遺〉 편에서 수원부를 북쪽으로 옮기고 성곽을 건설할 것을 주장했는데, 화성은 그의 예언대로 옛 수원부의 북쪽, 즉 팔달산 동쪽에 건설되었다. 정조는 화성 건설의 대강뿐만 아니라, 구획 정리나 건설비용 마련 등의 구체적인 방책마저도 100년 전에 쓰인 《반계수록》과 일치하는 것을 보고는, 그를 아침저녁으로 만나는 듯하다고 감탄했다.

성리학자 유형원, 실학자 유형원

유형원이 대명의리에 투철한 학자, 성리학을 보완한 학자로 주목되고 그의 구상이 일부나마 실현되었다는 사실은 실학에 대한 우리의 인상을

《화성성역의궤華城城役儀軌》 중 〈화성전도華城全圖〉.

바꾸어놓는다. 실학은 일반적으로 중세 사회의 해체와 짝이 되어 설명되었다. '실학' 혹은 '실학자'란 말을 들으면 우리는 자연스레 근대를 연상하고, 그들의 개혁 논의는 수용되지 못한 채 역사의 저편에 묻혔다가 20세기에 재평되었다고 생각하지만 역사적 사실과는 거리가 있다.

한번 고정된 '역사적 이미지'와 실제 사실이 얼마나 좌충우돌할 수 있는지 다른 예를 들어보자. 19세기 위정척사衛正斥邪를 외쳤던 유학자들은 서양의 보통교육론에 대응해 아동 교육의 체계화를 주장하고 일반민[小民]을 대상으로 한 《소학小學》 보급 운동을 전개했다. 유교적 윤리 교육의 확대와 보편화를 제기했다는 점에서, 명시적으로 유형원을 들먹이진 않았지만 그들의 교육론은 유형원의 구상과 일치한다. 그러나 '위정척사는 고루하다' 라는 이미지를 갖고 있는 우리가 그들의 유교 교육론에서 실학적 이미지를 연상할 수 있는가?

유형원의 구상을 성리학의 대안으로 볼 수도 있고 그렇게 평가하는 학자도 많으나, 최근 그의 본의는 성리학을 보완하는 데 있다는 학설도 제기되고 있다. 그리고 실제 그 방향으로 그의 구상은 수용되었다. 영·정조대에 국가의 공공성 확대를 통해 조선왕조를 유지하자는 보수적 개혁에 활용되었던 것이다. 그 정점에는 성리학 체제의 완성이 있었다.

결국 문제는 성리학자 유형원과 실학자 유형원의 간극을 어떻게 이해할까 하는 점이다. 해방 이후 우리는 조선 후기에 대한 어두운 인상을 바꾸려 노력했다. 사상 방면에서는 실학자를 통해 중세 질서에 대한 비판과 해체의 조짐을 읽어내려 했다. 그 대상으로 선택된 인물들의 다양한 사회 비판은, 별 무리 없이 중세 질서 전반에 대한 비판으로 해석되었다.

그 해석이 자연스럽게 일반화할 수 있었던 데에는 조선 후기에서 근대를 찾고픈 시대적 갈망이 있었다. 그러나 이미 성숙한 근대를 겪었고 일부 부문에선 초超근대로 진입하는 21세기에도 그와 같은 태도가 여전히 유효할까? 이제는 '근대를 찾겠다는 시도' 가 20세기적 상황의 산물이란 점을 또한 생각해 봐야 한다.

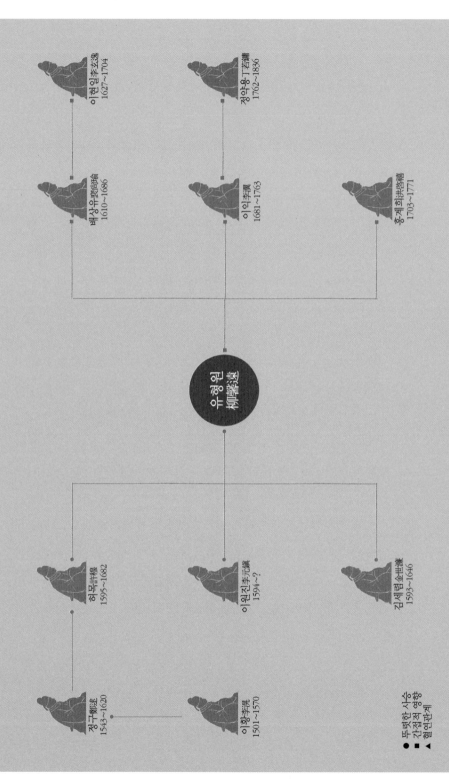

정구鄭逑
1543~1620

이황李滉
1501~1570

허목許穆
1595~1682

이원진李元鎭
1594~?

김세겸金世濂
1593~1646

유형원
柳馨遠

배상유裵尙瑜
1610~1686

이익李瀷
1681~1763

홍계희洪啓禧
1703~1771

이현일李玄逸
1627~1704

정약용丁若鏞
1762~1836

● 투렷한 사승
■ 간접적 영향
▲ 혈연관계

그렇다고 유형원의 학문이 빛바래지는 않을 듯하다. 평등한 이상 사회를 향한 염원은 지금도 치열하게 추구해야 할 과제이며, 현실을 개선하는 궁극의 원동력이기 때문이다. 각론各論은 물론 달라졌지만, 개혁을 추구하는 마음과 정신은 고금에 통할 터이니, 실학자의 저서를 그런 마음으로 대한다면 한결 여유있게 음미할 수 있지 않을까.

실^{實學}
학

현대인에게 실학實學은 크게 두 가지 의미다. '조선 후기의 일련의 개혁 사상'이란 고유명사이며, 그 정신을 계승해 '현실에서 공허한 이론에 얽매이지 않고 실심實心·실용實用·실질實質을 추구하는 사상'이란 보통명사이기도 하다.

조선시대에 실학은 진실한 학문이란 의미에서 보통명사였다. 불교에 대해 유학이 실학이었으며, 과거 준비하는 출세 학문에 대해 성리학 등을 탐구하는 순수 학문이 실학이었고, 이론만 캐는 공허한 학문에 대해 일상·현실의 실천을 강조하는 학문이 실학이었다. 이 흐름 중 현재 말하는 실학은 세 번째 유형이라 할 수 있다.

보통명사로 다양하게 쓰였던 실학을 고유명사 실학으로 정립한 시기는 일제강점기였다. 1930년대 민족운동의 일환으로 국학國學운동이 일어났는데, 그 핵심은 다산茶山 정약용丁若鏞의 학문을 규명해 조선 근대 사상을 정

성호 이익

립하려는 것이었다. 그리고 다산에 이어 이수광, 유형원, 이익, 홍대용, 박지원 등 조선 후기의 사상가들이 차례로 주목받았고 그들은 실학자로, 그들의 학문은 실학으로 규정되었다. 그 흐름은 1960년대 이후 일제의 식민사학을 체계적으로 극복하면서 확고해졌다. 그들의 저술은 중세의 해체와 근대의 성립을 사상 방면에서 보여주는 사례였다.

그러나 현재에는 실학과 실학자의 정체성에 많은 의문이 제기되고 있다. 그 의문은 실학자로 규정된 개개인의 삶, 지향, 저술의 정확한 의미 등을 정밀하게 연구할수록 커지고 있다. 정도 차는 있지만, 그들은 대개 성리학을 보완하는 이론, 성리학적 질서를 보완하는 사회 개혁을 주장했음이 실증되고 있다. 성리학적 사유를 비교적 크게 탈피하는 인사들의 경우에도, 근대로 넘어오지 않고 고대의 원시유학으로 유턴했다. 실학자들은 '성리학 전반에 대한 비판'이 아니라 '철학 일변도의 성리설'에 대한 비판 혹은 '중세 성

연암 박지원

리학에서 고대 유학으로의 회귀'를 말한 유학자들이었다.

조선 후기에서 근대를 찾으려 했던 '20세기적 상황'이 변하고 있다는 점도 숙고해야 한다. 비교적 성공적인 근대화를 경험한 우리 사회는 이미 근대 너머를 고민하고 있다. 부정과 타기의 대상이었던 조선의 장기지속성, 지속을 가능케 한 정신문화와 사회 양식은 근대 이후의 가치를 정립하는 지혜의 보고寶庫가 될 가능성이 높다. 마찬가지로 실학자에게서 '실학'이란 수식을 거둬내어 새로운 사유의 가능성을 찾을 수 있다.

새로운 해석의 가능성은 장구한 일이겠지만 해답은 그들 자신의 진지한 삶과 실천에 있었는지 모른다. 그들의 사유는 유학의 틀 내에 있었지만, 관심과 실천은 딱히 유학의 틀 안에 갇혀 있지 않았다. 그들은 민초의 고통과 그 너머의 부조리한 사회 구조에 대한 고발자였고, 사회 진로에 대한 진지한 대안 제시자였다. 사회에 책임과 연민의 폭이 깊은 만큼, 그들의 개혁책은 당대 누구보다 치밀하고 웅장했다. 그들은 지식인의 지식이 어떤 마음에 기반해야 하고 사회적 책임이 어떠해야 하는지를 생생히 보여주었다. 인애 仁愛의 휴머니즘과 공공의 삶에 대한 헌신, 그것이 실학 이전의 실학자를 오늘도 생동할 수 있도록 하는 요인이 아닐까.

유학의 본고장이 가졌던 긍지와 한계

이현일李玄逸

자字 익승翼昇, 호號 갈암葛庵, 본관本貫 재령載寧

1627(인조 5) 경상도 영해부(현재 영덕군)에서 태어남. 1648(인종 26) 22세 향사鄕試에 합격함. 1649(인조 27) 23세 둘째형 이휘일을 따라 산방山房에서 독서함. 1652(효종 3) 26세 이휘일을 따라 석계초당石溪草堂에서 공부함. 1678(숙종 4) 52세 사헌부 지평 제수. 1679(숙종 5) 53세 〈어제주수도설발휘御製舟水圖說發揮〉를 올림. 1688(숙종 14) 62세 〈율곡사단칠정서변栗谷四端七情書辨〉을 완성함. 1689(숙종 15) 63세 성균관 사업, 이조 참의 등 제수. 비로소 경연經筵에 나아가 1694년까지 간헐적으로 나아감. 폐비 민씨(인현왕후)의 처분에 관한 상소를 올림. 1690(숙종 16) 64세 《반계수록》의 서문을 씀. 1694(숙종 20) 68세 함경도 종성에 유배됨. 1695(숙종 21) 69세 〈수주관규록愁州管窺錄〉을 완성함. 1700(숙종 26) 74세 유배가 풀려 고향에 돌아옴. 1704(숙종 30) 78세 경상도 안동에서 별세. 1711(숙종 37) 관작을 회복했다가 바로 거둠. 1871(고종 8) 시호諡號를 내렸다가 1873년에 거둠. 1908(융희2) 관작과 시호를 회복함.

조선의 19대 국왕 숙종은 1674년에 등극해 1720년까지 46년간 보위에 있었다. 그의 치세 전반前半은 남인과 서인, 후반은 소론과 노론 사이에 정쟁이 치열했는데, 전반부에선 인현왕후와 희빈 장씨(장희빈)가 중심인물이었던지라, 대중의 높은 관심 속에 여러 차례 극화되었다. 드라마나 영화가 포착하기는 어렵지만, 당시는 양난의 피해가 거의 극복되어 사회가 안정과 활력을 갖추어갔고 그 이면에서 새로운 갈등과 각성이 싹트기도 했다. 다양한 각도에서 해석할 수 있는 《춘향전》의 배경이 숙종대인 것은 우연이 아니었다.

갈등의 씨앗 가운데는 서울·경기의 활력과 지방의 침체, 서울의 정치 독점과 지방의 정치 소외가 있었다. 당시에는 희미했지만, 그 싹을 제어하지 못한 조선은 19세기에 접어들자 '세도정치'라는 퇴행적 정치 구조를 맞이하게 되니, 그 씨앗은 결국 조선의 명운을 결정한 종양이 되었다. 수도권과 지방의 격차가 날로 심해지는 요즘에 더욱 뜨끔한 전철前轍이 아니겠는가. 서울의 그늘 아래 좌절할 수밖에 없었던 지방 지식인의 삶과 한계를 그래서 더욱 숙고해봄 직하다.

숙종대 남인은 두 차례 정권을 장악했다. 첫째는 숙종이 즉위했을 때였다. 숙종은 즉위하자마자 갑인예송을 매듭짓고, 남인 주도의 정국을 만들었다. 그때 활약한 산림이 허목과 윤휴였고, 관료는 허적이었다. 이 정권은 1680년(숙종 6)에 경신환국으로 무너졌다.

1689년(숙종 15) 숙종은, 소의 장씨(희빈 장씨)가 낳은 왕자(훗날 경종)를 원자元子로 정하는 일에 유보적이었던 서인을 내치고 남인을 등용했

李玄逸謹書。

追庵柳公隨錄序

高麗先生全集卷二十　七

高麗先生全集卷二十　八

治道之不復古久矣秦漢以還非惟禮樂教化皆失
其正至他規榊布置亦駮乎無以議爲也際及宋朝制
蓋賢輩出講說推明以爲三代先王可復興其未得制
度者文之權但寓之空言而已自是以來世益下士
大夫不復知有經世有用之學游於學徒知綴緝
言語誦讀經文取決科之利於朝者不過安常守
故簡陋因循苟且目前之計昜嘗有致古驗今蒐輯論
著措諸用而無齟齬致懇惻而條理者乎文化柳

公當此之時乃獨覃意於經邦制治之道稽古參今
去就有法竭精畢思區畫得當積之累年而後成書
凡若干萬言永嘗得而讀之其間架宏遠條理縝密
不爲闊疎矯誕之言而斟酌適於實用其言雖若出
意見剏立制度而實無一言不本於古人已行之成
法如均田定賦選幣通貨士選賢任官分職經武
制軍之要無不據經致古而竭其心思一一畫爲科
條措之可底於行其用意可謂勤矣就其一事之
雖李翶平賦林勳本政之書殆無以過此以其大體
規模言之亦無謝於杜氏通典丘氏大學衍義而使

友裵君公瑾遊裵君篤行君子人也每相對歎述公
不離口一日出示公所著書草本若干卷余未及卒
業而東歸屢費往來於心後數年裵君繕寫頗快國
事遠寄余始究其本末乃廢書太息而言曰世復有
斯人邪無是人而有是書則或可以少見其志之所
存焉裵君既以書見寄繼以壽其傳爲請余辭之歎
其分之所敢安裵君尋復于世益切九原難起之歎
已巳秋余在京師公之胤子是復申誦君之請詞玄
逸盍亭其書而傳之玄逸不敢當而念裵君之請不可
見而柳君之請益勤亦不得辭也於是論其梗槩附

이현일이 쓴 《반계수록》〈서문〉 일부. 《반계수록》〈서문〉은 이현일의 것이 최초이나 영조대에 《반계수록》을 간행할 때 이현일은 신원되지 않았기 때문에 실리지 못했고, 지금 《갈암집》에 전한다. 이현일은 서문에서 이 책이 두우杜佑의 《통전通典》이나 구준丘濬의 《대학연의보大學衍義補》에 비길 만하다고 극찬하며, 유형원의 탁월한 경술經術이 세상에 쓰이지 못하는 현실을 매우 애석해했다.

다. 이른바 기사환국인데 이로서 남인은 이전보다 더욱 강화된 단독정권을 수립했다. 두 번째로 세워진 남인정권을 대표하는 산림은 갈암葛庵 이현일李玄逸이었다. 숙종 초반의 남인 산림이었던 허목이나 윤휴와 달리, 그는 영남 출신이었고 무엇보다 퇴계 이황학맥의 적통이었다. 김종직, 이황 등을 배출해 유학의 본고장을 자처했지만 17세기 이후 정계에서 점차 소외되기 시작했던 영남 인사들 특히 퇴계학파에서 그에게 거는 기대는 매우 컸다.

하지만 이현일이 마주한 정치 현실은 그리 녹록지 않았다. 실제 정국을 주도한 서울의 남인은 그의 명성만 빌리는 경우가 많았다. 정치 방면의 연대는 그나마 공고하다 할 수 있었지만, 정책 생산의 원천인 학문 내용은 이미 다른 길을 가고 있었다. 게다가 미숙할 수밖에 없었던 정치적 행보는 이후 집권 주류가 된 노론의 좋은 표적이 되었다.

19세기까지 이현일은 '명분과 의리에 죄를 지은 사람[名義罪人]'으로 공격받았고, 관작이나 시호의 회복과 철회가 되풀이되었다. 그의 최종 신원은, 조선왕조에서 역적으로 처단되었던 수십 인과 함께, 1908년에 이루어졌다. 퇴계의 적통으로 인정받았던 그가 왜 그렇게 박해받았는지 자못 의아하기도 하다. 그 원인 가운데는 서울과 지방 사이에 깊어진 골, 지방 사족士族의 정치 참여를 점차 봉쇄한 서울의 냉대와 차별이 있었다.

퇴계학맥의 결절점

이현일은 정묘호란이 일어났던 1627년(인조 5)에 경상도 영해寧海(지금의 영덕군)에서 태어났다. 본관은 재령載寧 이씨로, 영해파다. 재령 이씨 영해파는 이현일의 고조부 이애李璦가 서울에서 영해로 이주한 것을 계기로 형성되었으며, 점차 안동과 그 인근의 명문 가운데 하나로 성장했다.

조부와 부친 세대에 이르러 이현일 집안은 퇴계학파 주요 인물들과 학문, 혼인으로 인연을 맺었다. 이현일의 부친 이시명이 김해, 장흥효의 여식과 혼인한 것이다. 김해는 퇴계의 제자 김부의의 아들이었고, 장흥효는 퇴계의 수제자 김성일의 제자지만 또 다른 수제자인 유성룡과 정구에게도 배운 경력이 있었다. 따라서 이시명의 혼인은 그의 아들들이 퇴계학파에서 두드러진 위치를 차지할 수 있게 한 중요한 배경이었다.

퇴계학파의 거두인 김해와 장흥효의 학문을 고스란히 전수받은 인물은 이현일의 둘째형 이휘일李徽一이었다. 이휘일은 어린 이현일을 가르친 스승이기도 했다. 훗날 이현일이 장성하자 형제는 서로의 학문을 격려하는 지기知己가 되었다.

이현일에게 절대적인 영향을 미친 또 한 사람은 모친 안동 장씨였다. 그녀는 장흥효의 딸로서 덕성은 물론, 학식도 높았고 서예에도 빼어났다. 그녀의 자상하고 엄숙한 가르침은 이현일 형제는 물론 손자 이재李栽에게도 깊은 영향을 주었다. 그녀는 당시에 후씨부인侯氏夫人*으로 칭송받았고, 요즘도 사임당 신씨의 현숙함에 비견되곤 한다.

* 송宋나라의 유학자인 정호程顥, 정이程頤 형제의 모친이다. 훌륭한 덕성과 교육으로 아들들을 대학자로 길러냈다.

이유태가 그린 〈이황 초상〉(1974). 조선 성리학의 기초를 세운 이황의 학문은 퇴계, 영남학파로 계승된다. 퇴계학파의 중심인물로 성장한 이현일은 이후 자신의 아들에게 학풍이 이어지며 영남 최대학맥을 형성한다.

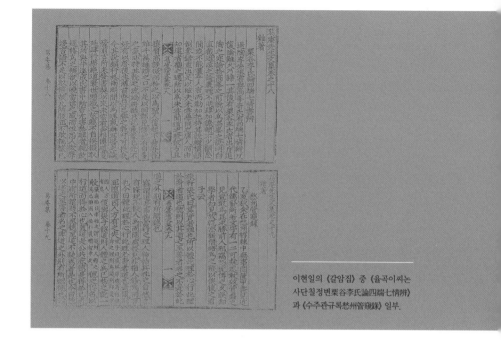

이현일의 《갈암집》 중 《율곡이씨논사단칠정변栗谷李氏論四端七情辨》과 《수주관규록楚州管窺錄》 일부.

이현일의 삶의 전반부는 퇴계학파의 중심인물로 성장하는 시기였다. 퇴계학파는 퇴계 사후 대개 정구·유성룡·김성일 계열로 나뉘고 있었다. 김성일은 장흥효가, 유성룡은 정경세가 학통을 이어받았는데 두 계열 모두 영남에 기반을 두었으므로 이른바 '영남 남인'을 형성했고, 정구는 장현광·허목이 학통을 이어받았는데 허목 계열은 서울과 경기에 기반을 두었으므로 이른바 '기호 남인'을 형성했다. 실학자로 친숙한 이익·정약용은 기호 남인 출신이다.

이휘일·이현일 형제는 김성일·장흥효로 이어지는 영남 퇴계학맥에 기본적으로 서 있었지만, 유성룡·정경세의 학맥을 계승한 김응

조·홍여하 등과도 활발히 교제했다. 40세를 넘어서는 조경·정시한 같은 기호 남인 학자와도 교류했고, 이잠(이익의 형)을 만나려 했으나 실현하지는 못했다. 영남과 서울의 퇴계학맥과 두루 교류한 이현일의 학문은 아들 이재李栽를 거쳐, 이상정·이진상으로 이어지면서 영남의 최대학맥을 형성했다. 학맥으로만 보아도 그는 기존의 퇴계학맥을 두루 관통하고 후대 영남학맥을 형성한 큰 결절점이었다.

이현일은 젊은 시절 과거에 응시해서 진사進士에는 올랐지만, 대과와는 인연이 없었다. 대신 50대 이후 남인정권의 산림으로 활동했다. 하지만 실제 활동 기간은 짧았고 역할 또한 그리 신통치 못했다.

생애 후반부에 더 주목해 볼 것은 학술 활동이었다. 퇴계학맥의 결절점에 서 있던 그답게, 저술은 퇴계 학문을 두고 안팎에서 제기되었던 비판에 대한 반비판이었다. 그중 특히 주목할 것은 〈율곡이씨논사단칠정변栗谷李氏論四端七情辨〉과 《수주관규록愁州管窺錄》이었다. 전자는 율곡 이이李珥가 논한 '사단칠정설'에 대한 비판이었고, 후자는 함경도 수주愁州(종성)에 유배 갔을 때 '자신의 견해[管窺]'로 선배 유현들의 학설을 논한 저술이었다.

영남학파 공고화의 득과 실

〈율곡이씨논사단칠정변〉에서 이현일은 율곡 이이의 '기발이승일도설氣發理乘一途說'은 이리와 기氣를 혼잡스럽게 파악한 것이라고 비판하고, 퇴계 이황의 '이기호발설理氣互發說'을 옹호했다*.

당시 퇴계의 명성과 권위는 국내는 물론 일본에서도 떨치고 있는 바여서, 붕당이 다른 학자들도 그의 성리설을 조심스럽게 비판하거나 율곡의 성리설과 절충하는 형편이었다. 그러나 정작 영남에서는 퇴계의 학설을 고수하기에만 힘썼고, 장현광·정시한 등 일부의 학자를 제외하고는, 외부에서 제기되는 비판이나 율곡 학설과의 절충에 대해 적극적으로 대응하지 못했다. 따라서 이현일의 저술은 퇴계의 호발설 비판에 대한 영남학계의 본격적 대응이라 할 수 있었다.

하지만 일반적으로 이 글은 퇴계 학설에 대한 옹호에 치우쳐 창조적 계승의 면모를 놓쳤다고 평가된다. 특히 율곡에 대한 비판은 이론 자체에 대한 반박을 벗어나, 학문이 미칠 결과 및 학문하는 태도에 대한 단죄로까지 나아갔다.

그(율곡)가 바야흐로 팔뚝을 걷어붙이고 자신만만하게 주장하기를, "성인이 다시 살아나신다 해도 나의 말을 바꾸지 않으리니, 비록 변론을 잘하는 천만 명의 입으로도 나의 견해를 돌려놓을 수 없을 것이다" 하면서 자신을 과대평가하는 기상이 있었으니 그의 설이 장차 세상에 혹심한 화를 끼치게 될 뿐만 아니라, 기상 자체가 좋지 못하여 후생들이 전현을 비방하고 이기기만을 추구하는 폐단을 열어놓았다(이현일, 《갈암집》 18권, 〈율곡이씨논사단칠정서변〉).

율곡의 성리설은 장차 세상에 화를 불러올 이단이었다. 더욱 잘못된 것은 율곡이 주자학을 대하는 태도였다. 스스로의 잣대로 주자를 평가하는 태도는 해석의 잘잘못 이전에, 규범의 존립에 관한 문제였다.

이현일의 율곡 비판 논리는, 앞의 윤휴 편에서 보았듯이, 송시열이 윤휴의 주장에서 이단을 감지해냈던 논리와 닮아 있다. 사문시비斯文是非가 만연할 무렵, 경기와 충청에서는 노론이 남인과 소론의 일부 학인을 반주자反朱子로 낙인찍고 있었다면, 영남에서는 공功·수守의 위치만 바뀐 채 재연되고 있었다.

《수주관규록》에서는 퇴계학파 내의 선배들, 즉 유성룡·장현광·조호익 등과, 퇴계와 함께 영남 학술을 대표했던 남명南冥 조식曺植의 학술을 비판적으로 종합했다. 제목에서 '좁은 소견[管窺]'이라 표현했듯이 선배들의 학설에 대한 비판 강도는 약했지만, 저술의 동기는 의미심장했다. 퇴계 사후 100여 년이 지나면서 나타난 학파 내의 다양한 흐름을 제어하고, 몰락한 남명학파를 포용하겠다는 내심이었으니, 경상 좌우도를 망라한 영남권 전체의 학술 통합 의지를 느낄 수 있다.

두 저술을 통해 우리는 이현일의 학문적 포부를 가늠할 수 있다. 그는 경기·충청 지역에서 주류가 된 율곡학파는 비판하면서, 영남에서 퇴계학파를 중심으로 남명학파까지 외연을 확대하려 했다. 노력의 결과 그는 400여 명을 상회하는 문도를 거느리게 되었고, 그의 학맥은 영남학계의 주류가 되었으며 어느 지역보다 강고한 정체성을 유지했다. 18~19세기에 노론, 세도가문으로 이어지는 서울의 집권 주류가 강·온책을 병행하며 세력을 심으려 해도 끝내 성공하지 못한 곳이 영남이었다. 20세기의 격변을 지나 지금까지도 양반 문화를 가장 잘 간직한 곳은 안동을 중심한 경북 일대이다.

하지만 잃은 것 또한 만만치 않았다. 이현일의 노력은 결과적으로 내용과 형식 모두에서 퇴계 학문의 확장·분화를 막아버린 셈이 되었다.

퇴계학파 역시 형성기에는 새로운 영역을 개척하는 활기가 있었다. 장현광 같은 학자는 퇴계의 학설에 구애받지 않고 율곡에 근접한 성리설을 전개할 정도였다. 또 서울의 남인들은 허목을 중심으로 고학古學, 윤휴·유형원·이익을 중심으로 경세학을 전개해 유학의 다른 영역을 개척해 나갔다.

퇴계의 권위가 영남으로 국한되는 것도 어쩔 수 없는 일이었다. 17세기 중반까지 서인들은 '조광조·이황·이이·성혼'으로 이어지는 도통의식을 가졌다. 그러나 영남의 학통이 퇴계를 중심으로 공고화하자, 서인은 퇴계를 빼고 '조광조·이이·성혼'으로 바로 연결해 버렸다. 한편 서울 남인은 '이황·정구·허목·이익'으로 이어지는 독자적 학통을 수립해 나갔다.

그 시기 영남에서 퇴계의 학문을 그대로 고수하고 단일 학통만을 고집했던 것은, 외연의 가능성을 차단하고 학문이 고루해짐을 의미했다.

남인 최후의 거대 산림

숙종 초, 남인 주도의 정권이 들어섰을 때 50세의 이현일은 유일遺逸로 천거되어 상경했다. 허목 등이 '참다운 유학자[眞儒]'로 명예롭게 천거해 들어선 자리였다. 그 또한 기대에 부풀어 숙종을 계도啓導하는 상소를 올리기도 했지만, 청남·탁남으로 분열하는 행태에 실망해 이내 내려왔다. 이런저런 이유로 경연에 참여하지도 못했으니, 첫 번째 출사는 볼만한 것이 없었다.

1689년(숙종 15) 기사환국으로 남인이 재차 집권하자, 권대운·목내선 등 당국자들은 한결같이 이현일을 경연의 적임자로 천거했다. 개인적으로 경세의 포부가 있었고, 또 영남 인재의 침체가 풀리리라는 기대도 있었기에 입조해 경연에 참여했고 성균관 좨주 등의 산림직을 거쳐 이조판서에까지 올랐다. 영남 출신으로 산림의 지위를 독점적으로 누린 인물로는 이현일이 유일했다. 인조대에 장현광이 있었으나, 그는 서인 산림인 김장생·박지계와 함께 등용되었으므로 구색을 맞춘다는 성격이 강했었다.

하지만 이현일은 현실 정치의 높은 벽을 다시 맛보아야 했다. 누구도, 국왕 숙종을 비롯해 심지어는 그를 추천한 남인 관료들 조차도 그가 정계를 누비길 원치 않았다. 학자인 산림이 재야 유생들의 여론을 업고 강조하는 원칙은 현실에 맞지 않는다는 평가는 이전에도 많았다. 게다가 이현일은 서울 정서에 둔감한 지방인이었다. 천거한 당국자들이 그에게 기댈 게 있었다면, 명분과 관련한 민감한 문제를 산림의 입을 빌려 해결하는 것뿐이었다. 그 복잡하고 이중적인 계산 또한 모를 리 없었던지라, 이현일은 입궐과 환향還鄉을 거듭했고, 때론 불만도 내비치다가 결국 갑술환국(1694, 숙종 20) 직전에 은퇴해 버렸다.

이현일이 제대로 활동하지 못했던 데는 두 번째로 집권한 남인 자체

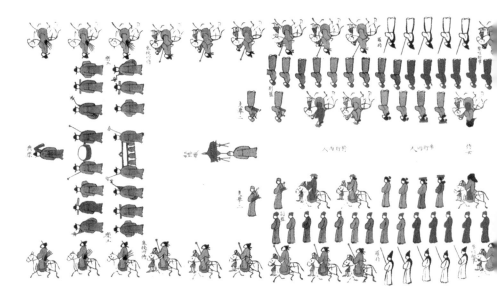

의 문제도 있었다. 그들의 주력에 대해서는 연구자에 따라 탁남濁南이라고도 혹은 청남淸南이라고도 한다*. 필자가 보기엔 상층부는 탁남, 하층부는 청남이 많은 듯하다. 정체성이 모호한 원인은 자신의 노력으로 집권하지 못하고, 희빈 장씨가 낳

> * 탁남, 청남은 숙종 초반 집권했던 남인들의 분파에서 기원한다. 탁남은 허적을 영수로 한 관료적 성격이 짙었고, 청남은 허목·윤휴를 영수로 하여 산림적 성격이 짙었다(남구만 편 228페이지 참조).

은 왕자를 세자로 삼으려했던 숙종의 의지로 성립되었기 때문일 것이다. 숙종 집권 초기에는 허적·허목·윤휴 등 구심 인물과 정책이 뚜렷했지만, 이 시기 남인정권은 서인이 했던 정책을 돌려놓는 일에 급급했다. 숙종의 의지로 성립되었기에 정권의 박탈 또한 숙종의 처분대로였

김장생·김집   김 육   장 유   송시열

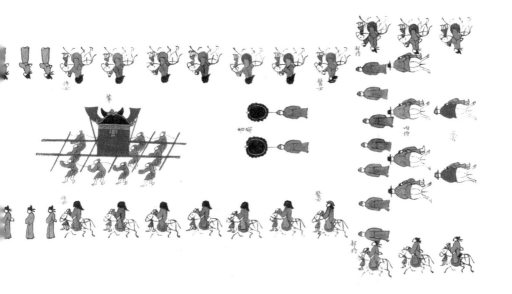

으니, 이 정권은 갑술환국으로 5년 만에 끝나버렸다. 그 위태로운 시기에 출시한 것은 오로지 이현일의 책임일 것이다.

숙종의 형식적 기대를 받았던 이현일은 누구도 말하기 꺼려하는 문제를 끄집어냈다. 그는 경신환국에 관련된 복평군 등 일부 왕족의 신원을 허락받았고, 인현왕후의 폐출을 반대하다 사망한 오두인의 자손에 대한 처벌 완화도 받아냈다. 후자는 당시 미묘한 영역이었다. 남인은 인현왕후의 폐출을 적극적으로 막지 못해 명분상의 부담을 느꼈으나, 당시 숙종은 폐비를 언급하면 역률로 다스리겠다고 엄포를 놓은 상태였다. 따라서 그들은 이러지도 저러지도 못한 처지였는데, 이현일 덕택에 숙종의 양보를 얻어내 그나마 체면을 차리게 되었다.

그러나 산림 이현일이 성과를 올린 부분은 명분상의 문제에 대한 조금의 양보일 뿐이었다. 당시 이현일의 활동은 《숙종실록》에서 "공의公議를 두려워한 인사들이 말하기 어려운 것을 이현일에게 청하면, 우매하여 분별력 없는 그가 상주하여 모두 이루게 했다"고 평가했던 것처럼 그리 아름답지만은 않았다. 이 평가는 물론 주관적이지만, 당시 그의 활동이 이용당한 측면을 무시할 수만도 없겠다.

아쉬운 것은 정말 원했던 경세의 포부를 실현하지 못한 일이었다. 이현일은 척신戚臣의 발호와 권력의 사유화, 그에서 파생하는 각종 부정비리와 지방관의 탐학을 근절하자고 내내 주장했다. 대응책은 왕권의 공공성 회복, 과거제 폐지와 천거제 정착, 학교 교육 강화, 감세와 토지 상한제 도입, 병농일치의 복구 등이었다. 대체로 국가(국왕)와 공권 중심의 개혁 사상으로, 치밀함에서는 떨어지지만 대강은 유형원 등 남인 경세가와 일치했다. 그도 그럴 것이 이현일은 일찍이 유형원의 친구 배상유를 통해 《반계수록》을 얻어 보고는 깊이 연구했고 서문을 써준 인연이 있었다.

명의죄인, 아득한 신원의 길

이현일이 낙향한 이후 바로 갑술환국이 발생했다. 그 또한 이조판서에서 갈렸고, 유배·국문·유배를 되풀이했다.

국문의 발단은 1689년(숙종 15)에 폐비 민씨(인현왕후)의 처리와 관련해서 올렸던 상소 때문이었다. 그의 주장은 폐비에게 은혜를 베풀기를 청하는 것으로, 《실록》엔 요약해서 실렸을 정도로 크게 문제시되지 않

김상생·김집 　　 김 육 　　 장 유 　　 송시열

앞었다. 그런데 정권이 바뀌자 상소 가운데 "(인현왕후가) 왕비의 도리를 다하지 못하여 스스로 하늘(숙종)을 끊었고 …… 방위를 설치하여 단속을 신중히 하소서"라는 부분이 문제가 되었다. 겉으로는 보호를 청한 듯했지만, 폐비가 된 책임을 민씨 자신에게 돌리고 그녀와 주변을 감시하려 했다는 해석이었다. 그 밖에 숙빈 최씨가 낳은 왕자(영조)에 대해

《숙종실록肅宗實錄》에 실린 이현일의 상소문. 표시 부분의 내용으로 이현일은 명의죄인으로 몰렸고, 20세기 초반에야 완전 복권되었다.

적서嫡庶(적자는 세자, 서자는 왕자)의 차별을 두어야 한다는 주장과 인현왕후의 큰아버지인 민정중을 집요하게 비판했던 일도 서인 특히 노론의 분노를 샀다.

노론에선 이현일이 남인 당국자의 사주를 받아 이상의 세 주장을 폈다고 단정했다. 뒤이어 그는 국모를 모해한 죄인, 즉 명분과 의리를 그르친 '명의죄인名義罪人'이라는 공격이 뒤따랐다. 명분과 의리를 그르친 죄인이라면, 아무리 산림으로 일세를 풍미했다 할지라도, 심하면 죽음에까지도 이를 수 있었다.

갑술환국 후 정국을 주도한 소론 대신 가운데 남구만南九萬은 남인에 대한 과격한 처벌을 원치 않았다. 그는 이현일의 잘못은 인정했으나 다만 사리에 어두웠기에 저지른 일이었다며 은택을 강조했다. 벌은 점차 가벼워졌고 그는 1700년(숙종 26) 고향 인근에 돌아와 은거하다 1704년에 생을 마감했다.

문제는 죽음 이후였다. 숙종 후반과 경종대에 잠시 직첩이 환급되기도 했지만, 명의죄인이란 멍에는 정치 공세의 좋은 소재였다. 영조대에 접어들자 이현일의 신원은 노론과 영남 남인 사이에 벌어진 기싸움의 전초전처럼 되었다. 집권 주류로 성장하는 노론은 영남인들을 공격할 때, 인목대비를 폐서인했던 정인홍·이이첨에 이현일을 자주 비유했다. 당하는 억울함이 크면 클수록 후손과 문인들의 복권 노력도 끈질겼다.

숙종과 경종 때 잠시 회복되었다가 거두어진 관작은 한참을 지난 1852년(철종 3)에야 다시 회복되었다. 1871년(고종 8)에는 '문경文敬'이란 시호까지 내렸다. 그러나 1873년에 다시 관작과 시호가 삭탈되었다. 이를 최종적으로 회복한 것은 1908년이었으니 그 줄다리기가 장장 200여 년에 걸칠 줄은 아무도 예상 못했다.

이현일의 문집 《갈암집葛庵集》 또한 수난을 겪었다. 아들 이재가 편집하고 문인 권두경 등이 교정한 정본은 이미 숙종대에 마련되었으나, 이현일이 죄인이었기에 간행하지 못했다. 문집은 사후 100여 년이 지난 1811년(순조 11)에 비로소 간행되었으나, 정부의 금지로 회수되고 책판은 소각당했으며 간행에 참여한 자손들이 유배당하기도 했다. 최종 간행은 1909년이었으니, 그의 문집은 200여 년간 공식적으로 유포되지 못했던 것이다.

추로지향의 빛과 어둠

1908년에 신원된 77인은 정인홍·윤휴 등 주로 역적으로 처단된 사람들이었으니, 귀향해 자연사한 이현일은 그들과 처지가 사뭇 달랐다. 생전에 심하게 단죄받지 않았다면 무엇이 그의 신원을 그토록 더디게 만들었을까? 주요 원인은 서울과 영남 사이에 벌어진 신경전이었으니, 새삼 영남과 지역성에 대해 생각해 보지 않을 수 없다.

조선시대 영남을 영예롭게 일컫는 말이 '추로지향鄒魯之鄕' 혹은 '인재의 부고府庫'였다. '추鄒'는 맹자의 고향, '노魯'는 공자의 고향이니 말하자면 '유학의 본고장'이란 뜻이고, '부고府庫'는 창고이니 빼어난 인재가 많다는 의미였다. 영남이 추로지향이 된 것은 조선 초에 길재 (1353~1419)가 그곳에 내려가 학맥을 뿌리내리고, 그 학맥에서 성종대

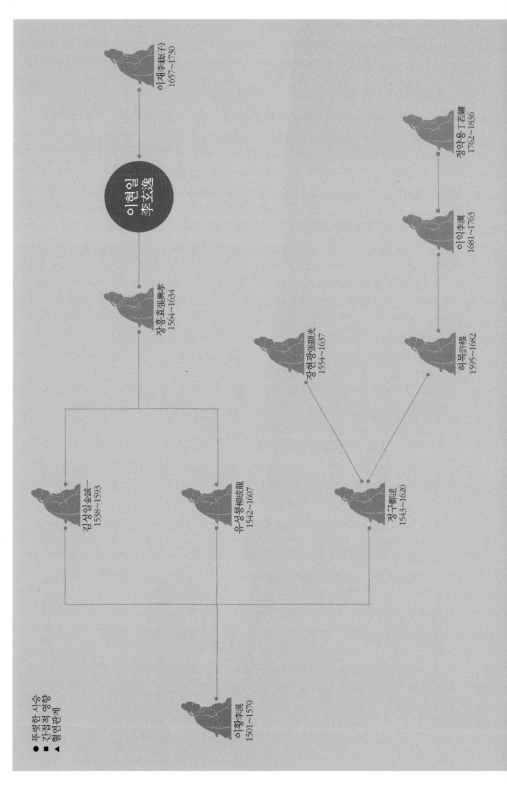

이현일
李玄逸

이재李栽(子)
1657~1730

장흥효張興孝
1564~1634

정언광張顯光
1554~1637

정우용丁若鏞
1762~1836

이익李瀷
1681~1763

허목許穆
1595~1682

김성일金誠一
1538~1593

유성룡柳成龍
1542~1607

정구鄭逑
1543~1620

이황李滉
1501~1570

● 뚜렷한 사승
■ 간접적 영향
▲ 혈연관계

사림의 영수 김종직이 나왔기 때문이었다. 그 영예를 결정적으로 굳힌 인물이 퇴계 이황을 비롯한 16세기 중반의 학자들이었다. 퇴계는 두말할 나위가 없지만, 유성룡·김성일을 비롯한 제자들은 영의정 등의 고위 관직을 지냈고 동인에서 남인으로 이어지는 붕당을 구성했다. 영남 도학의 또 다른 봉우리로는 남명 조식이 있었고 그의 제자들은 광해군 대 북인정권을 구성했다.

하지만 17세기 이후 상황은 달라졌다. 인조반정 이후 북인은 완전히 몰락했고 남명의 학맥은 미미해졌다. 퇴계의 명성은 여전했지만, 그의 후학들이 누린 영광은 예전에 비해 초라했다. 중앙에서는 추로지향이라고 추켜세웠지만, 상찬에 그칠 따름이었고 실질적 대우는 없었다. 유성룡 이래 영남 출신으로 정승에 오른 이가 없었다는 사실은 그 지역의 상실감을 짐작할 수 있게 한다. 그나마 중앙에서 자신들과 정치적 부침을 같이 하던 기호 남인조차 숙종 20년 이후 정계에서 몰락했고, 집권 주류가 된 서울의 노론은 반대 정파(남인)의 마지막 지역 근거지(영남)를 압박했다. 위기의식을 느낀 영남 사림은 문중으로, 퇴계학파로, 남인으로 결집했다.

영남 사림의 강고한 결집력과 변함없는 향촌 장악력은 다른 지방 학인에겐 존경과 부러움의 대상이었다. 기호 남인이 배출한 대학자 이익은 영남의 선비들이 '유학의 본 모습[古俗]'을 잘 실현했고 그들의 지위를 대대로 유지해, 영달만을 추구하는 서울 선비보다 유사시에 오히려 낫다고 했다. 호남 출신의 노론학자인 황윤석은 호남이 가장 푸대접받는 지방의 하나가 된 것은 영남처럼 고가대족故家大族이 없기 때문이라

이현일 종택(위)과 도산서원(아래). 도산서원은 영남 성리학의 구심점이었다(경북 안동시 도산면 토계리 소재).

고 했다. 조선은 사족의 지지 위에 세워졌으므로, 이익의 지적처럼 지방 사족의 저력이야말로 나라를 지탱하는 원기元氣였고, 조선을 유지하는 마지막 힘이었다. 그들이야말로 조선의 참다운 보수였던 것이다.

그러나 중앙의 지방 차별의 희생자인 영남 사람들은, 다른 계층 혹은 유학 전통이 약한 다른 지방에 특권 의식을 가지는 이중적 모습을 보이고 있었다. 또 퇴계 학문의 고수는 정신적 유대감을 확인해 주었지만 새로운 가능성을 스스로 꺾는 일이기도 했다. 그들은 지방의 지존이었으되 지방에 갇혀버렸다. 이현일의 경우도 마찬가지였다. 경세적 관심은 개인 영역에서 맴돌았다. 중앙 정계에서 실현하려 한 일은 주로 남인의 현창顯彰과 관련한 일들뿐이었으니, 그것은 비전 없는 남인정권에 짝하는 활동이었다.

서울과 지방의 분기는 지방 유림을 대표하는 산림의 영향력이 서서히 식어가는 일이기도 했으니, 이현일이 단적인 일례였다. 학문 내용에서도, 퇴계나 율곡의 후광에 여전히 기대는 산림과는 달리, 새로운 흐름이 서울과 경기를 중심으로 나오고 있었다. 그 세례를 받은 중앙의 인사들은 산림을 대면할 때 내심 고루함을 느끼고 있었다. 비록 권위는 여전할지 몰라도 내용은 달라지고 있었으니, 정계에서 산림은 점차 얼굴마담이 되어갔다. 달리 보면 그것은 사회가 이념 중심에서 실용 중심으로 변화하고 있다는 단초였다. 학계와 정계를 누비며 산림이 활약했던 17세기는 그렇게 저물고 있었다.

경향분기 京鄉分岐

수도권과 지방의 격차는 현재도 문제지만, 조선 후기에도 심각했다. 지금은 정치 · 경제 · 교육 · 문화 등이 어우러진 복잡 현상이지만, 당시는 학문 · 정치 · 경제 등의 문제가 심했는데 특히 정치 소외가 가장 심각했다. 17세기 후반에 남구만은 "조정에 있는 신하 가운데 오직 서울 · 경기와 삼남 지방의 사람들만을 들었을 뿐, 양서와 동북[황해도 · 평안도 · 강원도] 지방은 한 사람도 높은 지위에 올랐다는 말을 듣지 못했다"고 했다. 그 경향은 18세기에 강화되었고 19세기에는 더욱 심해져, 서울 그중에서도 세가世家 출신 인재로만 좁혀졌다. 19세기 중인中人 학자 최성환의 표현을 빌면, 서북 삼도(평안도 · 황해도 · 함경도)가 가장 심해 인재가 거의 등용되지 못했고, 다음은 하삼도(경상도 · 전라도 · 충청도)였는데 혹 등용되어도 모두 서울과 인연 있는 자들이었으며, 팔도 가운데 가장 사정이 나은 경기도에서도 주로 서울 주변에서 인재가 뽑혔고, 인재 등용이 가장 많았던 서울에선 세가 출신들이 요직을 차지했다고 했다.

17세기 조선
지식인 지도

학계에선 종종 조선 후기 서울과 지방의 격차를 말해주는 '경향분기'란 용어를 사용한다. 이는 원래 17세기 이래 서울·경기학계와 지방학계가 분화하는 현상을 지칭했으나, 최근에는 서울의 사회·경제·문화 변화와 지방의 침체를 일컫는 의미로도 사용하고 있다. 학계의 분화는 비교적 쉽게 파악할 수 있는 반면, 사회적 분화는 쉽게 감지하기 어려운 구조 변화였다. 그러나 두 현상 모두 조선 후기 지배층의 변화를 잘 보여주고 있다.

먼저 학계의 분화부터 살펴보자. 17세기 초 인조반정을 통해 서인과 남인이 사림의 주류가 되었다. 서인과 남인의 유력 가문은 이후 서울에 대대로 살면서 유력한 사족, 즉 경화사족京華士族이 되었으며 붕당을 막론하고 각기 지방학계와 분화하기 시작했다.

서인은 17세기 후반 소론과 노론으로 분화했다. 소론은 지방 사족과의 유대가 비교적 약했다. 노론 최대의 학맥은 김장생·송시열로 이어지는 호서의 학파였다. 송시열의 제자 가운데 가장 두각을 나타낸 이는 호서의 권상하와 서울의 김창협이었는데, 바로 그를 중심으로 서울 노론학파가 형성되었다. 호서와 서울의 노론학파는 18세기 이후 '호락논쟁湖洛論爭'이란 논쟁을 크게 벌이며 분화했다(김창협·김창흡 형제 편 참조).

남인은 퇴계학파에서 출발했다. 그런데 17세기 초부터 서울에 세거하기 시작한 남인, 즉 기호 남인은, 학맥은 퇴계에 돌리면서도 학문 내용을 고학古學·경세학經世學 등으로 채워나갔다. 그에 비해 영남에 세거하는 남인은 퇴계의 학문을 그대로 고수했다. 기호와 영남 남인은 퇴계의 학맥을 이었다는 도통道統 의식과 정치적 유대는 공유했지만, 학문의 유사성은 17세기 중반을 넘기면서 점차 사라졌다.

학파의 경향분기는 17세기 후반에 대강이 그려졌으나, 사회의 경향분기는 은밀하고도 구조적으로 진행되었고 시간이 흐를수록 그 주름이 깊어졌다.

사실 학계의 분화를 재촉한 큰 원인은 서울과 지방의 격차 발생과 지방에 대한 차별이 있었는데, 그것이 정말 큰 문제였다. 격차 발생의 일차 원인은 17세기 후반부터 시작된 서울의 팽창이었다. 서울의 인구, 공간, 행정 등 거시 지표가 성장·복잡화했고 그에 따라 문화와 생활양식이 바뀌었다.

새로움과 역동성! 그런데 그 이면에선 서울의 특권화 경향 또한 나타나고 있었다. 가장 고약한 것 중의 하나는 관직 등용에서 개인 능력보다 그 사람의 가문·지리·혈연 등 배경을 중시하는 관행이었다. 그것은 든든한 배경을 갖지 못한 지방 인재에 대한 공공연한 배제를 의미했다. 점차 서울 출신끼리의 인적 연결망이 구조화되었다.

인적 연결망의 구조화는 그 과정과 전모가 잘 드러나지 않는다는 점에서 무서운 현상이다. 혈연, 지연, 학연 등 지금도 문제가 되는 현상이 당시에도 만연했다. 과거와 같은 공공 영역에선 통계를 통해 큰 흐름을 그릴 수 있어 그 현상을 일부나마 파악할 수 있다. 조선 후기 문과에서 서울 출신자들의 비중이 점차 높아졌는데, 그 비중은 도당록都堂錄(홍문관 후보자 명단)→당상관→비변사 당상으로 올라갈수록 급속하게 확대되었다. 예컨대 18세기 중반에서 19세기 중반까지 도당록 입록자의 거주지를 살피면 서울·경기 출신이 80% 이상이었다. 그런데 15.4%의 비율로 서울 다음으로 많은 문과 급제자를 배출했던 평안도 출신의 도당록 입록자는 1.1%에 그쳤다. 중하위 관인을 배출했던 무과·잡과·음직蔭職, 특히 잡과와 음직에선 서울 출신, 유력가 출신의 비중이 절대적으로 높았다.

이상의 일례는 관료 입사만을 통해 본 빙산의 일각이다. 유력 가문끼리의 혼인, 유력 가문과 상업 자본과의 결탁, 서울 중인층의 성장, 왕실·유력 가문과 서울 관청과의 결탁 등 다양한 방식을 통한 공생共生 구조가 시간이 지날수록 강화되었다. 그 이면에 지방 사족과 지방민의 한탄과 분노가 있었음은 물론이었다.

공존共存의 묘리妙理를 추구한 재상

남구만南九萬

자字 운로雲路, 호號 약천藥泉, 본관本貫 의령宜寧

1629(인조 7) 충청도 충주에서 태어남. 1656(효종 7) 28세 문과에 급제함. 1663(현종 4) 35세 사헌부 집의로 궁방 제한과 내수사 혁파를 청함. 1671(현종 12) 43세 함경도 관찰사로 재직하며 폐사군 복원을 청함. 1678(숙종 4) 50세 《동사변증東史辨證》 완성 추정. 1679(숙종 5) 51세 허견(허적의 서자)과 윤휴를 탄핵하여 거제로 유배됨. 1684(숙종 10) 56세 우의정에 제수됨. 기찰을 반대하여 젊은 서인西人들의 영수로 떠오름. 1685(숙종 11) 57세 사은사로 청에 다녀옴. 1687(숙종 13) 59세 영의정에 제수됨. 1689(숙종 15) 61세 강원도 강릉에 유배됨. '권농가'를 지은 것으로 알려짐. 1694(숙종 20) 66세 영의정에 제수됨. 세자 보호를 이유로 희빈 장씨와 장희재에 대한 은전을 주장함. 울릉도에 대한 소유를 명확히 하고 안용복을 두둔함. 1697(숙종 23) 69세 《성경도盛京圖》를 올리고 북관 개척을 청함. 1701(숙종 27) 73세 희빈 장씨의 사사를 반대하다 낙향함. 1711(숙종 37) 83세 경기도 광주에서 별세함. 1722(경종 2) 숙종의 묘정에 배향됨.

동창이 밝았느냐 노고지리 우지진다

소 치는 아이는 상기 아니 일었느냐

재너머 사래 긴 밭을 언제 갈려 하나니*

노고지리(종달새) 지저귀는 상쾌한 아침, 어쩔 수 없는 목동의 나른한 늦잠, 깨우는지 달래는지 그저 인자한 윗사람. 한가한 전원의 정취를 나른하면서도 상쾌하게 읊은 유명한 시조다. 지은이는 약천藥泉 남구만南九萬. 교과서의 시조로만 접했던 많은 이들에게 그는 인자한 촌로 같은 이미지로 새겨져 있다.

* 위 시조는 《청구영언》을 비롯한 주요 시조집에 남구만의 작품으로 소개되었기에 그의 작품으로 보는 것이 통설이다. 본서도 그 견해를 따랐다. 최근에는 이명한(白洲, 1595~1645)의 작품으로 보는 견해도 있으나 정확치 않다. 남구만은 자신의 작품을 포함한 시조 11수를 한역漢譯한 《번방곡飜方曲》을 남겼을 정도로 시조에 대한 애정이 깊었다.

시조는 민간의 노래와 시조에 애정을 가졌던 남구만의 서민적 풍모만을 전할 따름이다. 하지만 역사 속의 그는 붕당들의 공존이 불가능해진 숙종대에 영의정을 세 차례나 지냈던 정계의 조타수였고 대제학을 지냈던 문장가였으며, 역사지리학의 선구자였고 제도 개선과 적극적인 북방 경영을 역설한 당대의 실무가였다. 선 굵은 행적과 역사적 비중을 감안하면, 남구만의 본면목은 덜 알려진 셈이다.

필자 개인만의 연상일 터이지만, 남구만을 보면 정철鄭澈과 윤선도尹善道가 떠오른다. 우리에게 그들은 가사와 시조 문학의 최고봉으로, 관동의 신선과 보길도의 고고한 선비로서 다가온다. 그런데 정치 행적을 대입하면 그들의 이미지는 야누스처럼 바뀐다. 정철은 기축옥사己丑獄

事*를 엄하게 처리했고, 윤선도는 예송을 종통 문제로 비화시켰다. 정

철의 옥처리를 두고 동인東人들은 대를 이어 원망했고, 윤선도는 서인에게 음험한 인물로 낙인찍혔다. 문학으로 구현된 아름다운 정서와 독선에 휘말린 정치적 신념 사이의 함수는 어떻게 계산해야 할까.

남구만은 정치적 이미지가 문학적 이미지를 크게 훼손하지 않은 드문 경우에 해당한다. 죽음을 부르는 상황까지 격화된 정쟁에서 그는 끝까지 온건론을 주장했다. 그 주장 때문에 원칙[義理]를 그르쳤다는 비난을 꽤나 많이 받았으니, 정치적 처신이 아슬아슬한 상황에서 온건주의자는 예나 지금이나 설 땅이 좁은 듯하다. 하지만 다양한 가치의 공존과 조화를 시대의 화두로 떠올리는 지금, 그를 통해 공존의 지혜를 체험할 필요 또한 있겠다.

법치와 묘리

남구만은 1629년(인조 7)에 태어났고 1711년(숙종 37)에 83세로 세상을 하직했다. 당시로서는 장수한 셈인데, 관력 또한 수壽에 못지않게 길고 화려했다. 1656년(효종 7)에 문과에 급제해 효종·현종·숙종 3대에 걸쳐 반세기를 넘기며 재직했다. 지방관으로는 함경·전라·경상·충청도의 대소 관직을, 중앙관으로는 이조·예조·병조·형조와 삼사(사헌부·사간원·홍문관)의 수장, 한성좌윤, 승지 그리고 우의정·좌의정·영의정을 역임했다. 거의 모든 분야의 관직을 두루 거쳤다 해도 과언이

아니다.

　재직할 당시에는 정치, 경제, 형벌, 군제, 의례儀禮 등 국정 전반에 걸친 개선 방책을 끊임없이 제기했다. 정치에서는 지방 인재를 배려한 균형 있는 인사 정책과 과거제의 엄격한 운영을, 경제에서는 돈의 유통 확대와 궁방宮房을 비롯한 상류층의 특권 축소를, 국방에서는 자강自强의 강조와 국경선 확정 및 엄정한 군정 등을 강조했다.

　남구만은 거시적 차원에서 구조 개혁을 논한 게 아니었다. 대체로 법 정신을 살려 그 적용을 때론 엄격하게, 때론 탄력적으로 하자는 입장이 주조였다. 그는 재야의 개혁가도 엄격한 법치주의자도 아니었고, 법 운용의 묘妙를 강조한 실무형 인사에 가까웠다. 그가 병조참판으로 있을 때 하급 관료인 이서吏胥들의 횡령을 알아챈 적이 있었다. 그는 잘못을 눈감아주는 대신, 그동안 축낸 분을 보상하게 했다. 그러자 한 해 만에 창고가 넘치게 되었고 다시는 횡령이 발생하지 않았다고 한다. 엄정한 법 집행 대신 사람을 교화하니 사람도 살고 법도 살았다는 행복한 결말이다.

　이서들의 오랜 악습을 개선하기 위해 윗사람이 일정한 계도 기간을 허여하는 일화는 남구만의 예화 말고도 종종 있으니, 그렇게 명관名官이 많았던 것일까. 사정을 알고 보면 감탄만 할 수는 없다. 당시 이서들은 정기 급여를 받지 못해 횡령은 구조상 필연적인 문제였다. 그러니 남구만식 대처는 행복한 결말을 항상적으로 보장하는 것이 아니라 일회적 조처였다. 비슷한 이야기가 많을 수밖에……

　하지만 구조보다 더 중요한 무엇인가가 그 이야기 속에 있다. 일화에는 법보다 교화를 우선했던 선인先人들의 가치 층위層位가 드러나 있다. 유교에선 '형벌'에 '상서로운 형벌[祥刑]'(《서경書經》)이란 모순된 이름을 붙였다. 벌은 서민에겐 관대하고 부귀한 이에겐 엄격하며 사람을 낚는 그물이 아니라 피하기를 바라는 경고일 따름이니, 궁극적으로 모든 이가 저촉되지 않는 경지에 다다르면 상서롭다는 의미였다. 즉, 법은 교화의 보조 수단이자, 없어지기를 기약하는 '필요악'인 셈이다.

이 점은 법 집행이 먼저고 교화가 뒤따르는 오늘날 우리가 숙고해 봐야 할 문제다. '법대로'는 법의 출발점이자 목표인 인간을 때로 망각하기 때문이다. 조문을 적용할 줄만 알았지 전인全人적 가치와 사회의 공동선에 둔감한 법 관계자들 때문에 우리는 많은 가치 전복을 경험하고 있지 않은가.

흥미로운 것은 남구만이 법 운용의 중요성을 깨닫는 과정이다. 서민 풍모의 인사답게 남구만은 이름 없는 낚시꾼에게서도 그 묘리를 배웠다. 1669년(현종 10) 파직되어 고향에 머물렀던 그는 어느 날 낚시를 하게 되었다. 낚시에 서툴렀던 그는 이윽고 능숙한 객의 도움으로 낚싯대를 다루는 방법을 배우고서야 비로소 고기 몇 마리를 잡았다. 그런데 객은 낚싯대를 넘겨받더니만 고기를 쉴 없이 낚는 것이 아닌가. 같은 낚싯대, 같은 바늘, 같은 미끼, 같은 자리에서, 바뀐 것은 다만 사람뿐인데 그 차이는 왜인가. 남구만이 그 이치를 설명해 달라 하자, 이어지는 객의 말이 그럴싸했다.

법法은 가르칠 수 있지만, 묘妙를 어떻게 가르치겠습니까? 가르칠 수 있다면 묘

김장생·김집   김 육   장 유   송시열

남구만의 시문집으로 《약천집藥泉集》 중 〈조설釣說〉 일부. 한편 《약천집》의 〈답상국유상운〉에서는 울도 이야기가 나오는데, 당시 대마도와의 관계를 말한 것으로 울릉도에 대한 일본의 관심이 그때에도 깊었음을 알 수 있다.

라고 명명할 수 없을 것입니다. …… 공께서 제 방법을 따라 아침저녁으로 낚싯대를 드리우고 정성과 마음을 다하여 여러 달을 익히고 또 익혀서 터득한다면, 손이 적절하게 나가고 마음이 저절로 움직일 것입니다. 이런 일들은 혹 얻을 수도 얻지 못할 수도 있으니 …… 공이 하기에 달린 것이지, 저는 어떻게 관여할 수가 없습니다(《약천집藥泉集》 28권, 〈낚시에 대한 글釣說〉).

무명의 낚시꾼에게서 남구만은 깨달음을 얻었고 스스로 반성했다. 그의 속내는 이런 것일지 모른다. '그 도리가 어디 낚시에만 한정될 일인가. 문필가의 붓대에도, 요리사의 손맛에도, 농민의 기술에도 도리는 흐르니, 정성을 다한다면 스스로 경지에 오를 것이다. 모든 영역이 그러한데 하물며 수없는 욕구와 이해를 조정하는 정치의 영역에서랴.

부귀공명에 눈멀기 쉬운 관료가 법의 본래 정신과 운용의 묘리에 도통하려면 얼마나 혹독한 자기 수련을 겪어야 할까. 그러기에 청산靑山에서 깨우치는 도道는 오히려 작을 수 있지만, 시정市井에서 깨우치는 도리야말로 대도大道일 수 있다.

적극적인 북방 경영

남구만은 1671년(현종 12) 43세에 함경도 관찰사에 부임해 3년을 재직했다. 당시는 청淸이 중국을 차지했고 두만강 인근의 여진족도 따라 이주했기에, 그 일대에 힘의 공백이 생겼었다. 그는 이 때를 틈타 압록강과 두만강 일대를 적극 개척할 것을 주장했다. 대강의 구상은 압록강 중류에 있던 폐사군廢四郡*을 회복하고, 함경도 내륙의 갑산과 동해 쪽에 연해 있는 길주 사이에 도로를 개통해 물자를 유통하고, 후주진 등 군진軍鎭을 설치하는 것이었다.

* 세종대에 압록강 중류에 설치된 사군四郡(慈城·虞芮·茂昌·閭延)을 말한다. 사군은 방어의 난점 등으로 점차 폐지되었으므로 당시에는 폐사군으로 불렀다.

당시는 청이 중국 장악에 실패하면, 조선을 거쳐 원래 근거지인 영고탑寧古塔으로 들어간다는 이른바 '영고탑 회귀설'이 유행했다. 이에 대해 윤휴 등은 반청세력과 국제적으로 연대해 북벌하자고 했지만 동조자는 거의 없었고, 대부분은 청의 재침략에 대비한 방어론을 지지하는 형편이었다. 방어 구상은 평안·함경·황해도 일대를 강화하고, 서울

김장생·김집　　김 육　　　장 유　　　송시열

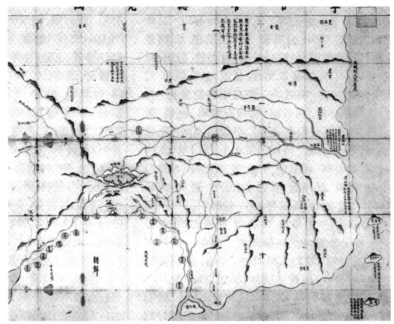

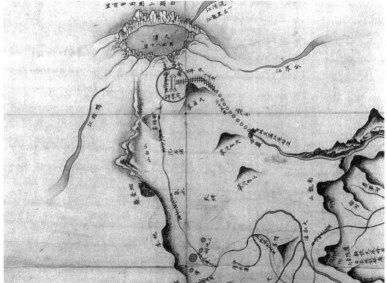

〈영고탑총람도〉(국립중앙도서관 소장)와 〈백두산정계비도〉(18세기, 서울대 규장각 소장) 부분. 영고탑(동그라미)은
만주족의 발원지로 여겨지던 곳으로 탑은 지명을 말한다. 현재 흑룡강성 동경성 부근. 〈백두산정계비도〉는 1712년
(숙종 38)에 조선과 청이 국경선을 확정한 이후 그려진 것이다.

과 수도권의 수비 체제를 정비하자는 것이 주류였다.

　그러한 사정에 비추어보면, 남구만의 주장은 허를 찌르는 과감함과 현실성이 있었다. 그동안 폐기되다시피 한 지역을 영토로 확정하고, 국방 강화까지 달성할 수 있는 일석이조의 효과를 볼 수 있었기 때문이었다. 물론 그 구상은 청을 자극할 수도 있었다. 하지만 그는 청이 중원에서 쫓겨날지라도 조선까지 에둘러 갈 리가 없다며 재침 가능성을 낮게 보는 편이었다. 또 만약 최악의 경우라도 국경 강화는 요긴한 방어책이었다.

　남구만의 주장은 숙종 초까지 상당부분 수용되어 길주에서 갑산까지 도로가 개설되었고, 무산진이 두만강변으로 옮겨졌으며 후주진과 폐사군의 일부에도 진이 설치되었다. 하지만 서북·수도권 중심 방어론이 여전히 대세여서 무산진을 제외한 대부분의 계획은 몇 년 후 폐기되었다.

　비록 완전한 성공을 거두지는 못했지만, 남구만의 구상은 이후 북방 정책의 밑그림이 되었다. 조·청 양국이 1712년(숙종 38) 백두산정계비를 세워 국경을 확정짓자, 그의 예견대로 조선은 청에 대한 의심을 점차 거두었다. 그리고 압록강과 두만강 남안을 안정적으로 경영하기 시작했다. 18세기 이후 무산부는 계속해서 성장했다. 조선 정부는 폐사군 지역에 주민 거주를 점차 허용했으며, 장진부·후주부 등을 새로 설치했다.

지도 제작과 역사지리학의 개척

함경도 관찰사의 경험과 연행燕行을 통해 남구만은 국제 문제 전문가가 되었다. 숙종 즉위년에 청에서 군사를 요청하자, '우리나라는 병자호란 때 맺은 약조約條 때문에 군대를 마련하지 못했다'고 허를 찌르는 대응책을 낸 것도 그였다. 그는 송준길의 문인으로 서인계 인사였지만 그 제안에는 남인계 영의정 허적도 동의했다. 탁월한 능력으로 남구만은 남인 집권기에도 형조 참판, 한성부 좌윤을 역임할 수 있었다. 그러나 숙종 초의 관직 생활은 허적의 서자 허견과 윤휴의 비리를 공격한 일 때문에 1년을 못 채우고 거제 유배로 끝나버렸다.

1694년(숙종 20) 이후 일본과의 울릉도 문제를 처리하는 과정에서 남구만의 적극적인 국토 인식은 다시 빛을 발했다. 당시 대마도주가 죽도竹島에 우리 어민들이 들어왔다며 울릉도를 슬쩍 죽도인 양 기만하려 하자, 그는 조종의 강토를 한 치도 내줄 수 없다고 주장해 죽도는 무시한 채 울릉도에 대한 소유를 못 박았다. 훗날 울릉도 문제를 확정짓는 계기를 마련한 안용복에 대한 호의 역시 그 연장선에서 나오게 되었다.

안용복은, 조선과 일본 정부를 상대로 이중플레이를 펼치며 울릉도를 편입하려 했던 대마도주의 행위를 고발해 울릉도와 독도의 영유권을 확고하게 만든 장본인이었다. 그는 조선의 현실법을 어겼다는 이유로 처벌 대상이었으나, 이미 기개 있는 영웅으로 추앙받고 있었다. 당시 조정에서는 일본과의 마찰을 우려해 그를 참수해야 한다는 의견이 대두되었다. 하지만 남구만은 그가 대마도주의 비리를 고발한 것이 통쾌하다 하면서, 처벌을 늦추고 먼저 대마도주의 행위를 문제 삼자고 했다.

남구만이 국방과 국경 전반에 걸쳐 전문가로 활동할 수 있었던 것은 이론과 정보를 정연하게 체계화했던 저력이 있었기에 가능했다. 그는 각론에 약했던 산림이나 다른 관료와 달리 지도 제작을 지휘하고 역사 고증에 치밀한 학자이자 전략가였다. 함경도에 부임하자마자 손댄 작업이 〈함경도지도〉의 제작이었다. 지도의 성과를 바탕으로 그는 함흥과 함경도의 중요성과 아름다움을 알리는 〈함흥내외십경도咸興內外十景圖〉, 〈북관십경도北關十景圖〉를 제작하고 기문記文을 저술했다.

1697년(숙종 23)에 청에 다녀온 후에는 청의 《성경지盛京誌》의 중요성을 간파하고는 우여곡절 끝에 구입했다. 남구만은 《성경지》 가운데 〈성경여지전도盛京輿地全圖〉를 확대 모사해 숙종에게 바쳤는데, 이를 근거

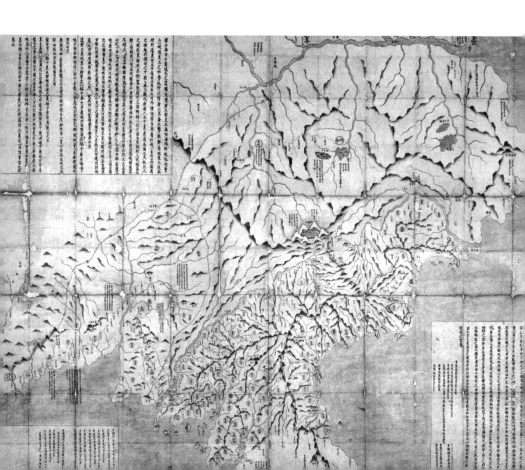

로 영고탑 회귀 시나리오를 부인할 수 있었다. 그가 바친 지도는 원본보다 더 많은 정보를 담았다고 평가되지만 아쉽게도 현재 전하지 않는다. 다만 북방지도의 효시가 되어 이후 이를 모본으로 지도가 제작되어 현재 전하고 있다.

이론의 또 한 축은 역사 사실에 대한 고증이었다. 남구만은 일생을 두고 고조선과 한사군漢四郡의 강역 문제에 천착했다. 연구를 토대로 두만강 이남, 즉 함경도가 조선 초기 이래 조선의 영토임을 확실히 했다. 나아가 요동과 그 인근은 당시에는 비록 청에 속해 있었지만, 기자조선·부여·고구려의 발생지였고 태조(이성계)의 선조(穆祖·翼祖)의 활동지였음을 강조했다. 고구려는 그 지역을 기반으로 해동의 강국이 되

〈서북피아양계만리일람지도〉(왼쪽, 서울대학교 규장각 소장)와 〈함흥내외십경도咸興內外十景圖〉(오른쪽, 국립중앙박물관 소장) 중 백악폭포白岳瀑布. 〈서북피아양계만리일람지도〉는 남구만이 올린 〈성경지도盛京地圖〉를 모본으로 그린 것으로 추정하고 있다. 〈함흥내외십경도〉는 남구만이 함흥과 함경도의 중요하고 아름다운 장소 20곳을 선정해, 자신의 기문記文을 실어 제작하였다. 현재 전하는 그림첩은 18세기에 모사한 것으로 추정된다.

었으나, 고구려의 멸망과 함께 그곳을 잃어버렸기에 지금은 회복할 생각도 못하고 있다고 애석해했다. 그의 성과는 《동사변증東史辨證》이란 저술에 집약되었고, 문인 이세구李世龜 등을 통해 계승되었다.

환국을 진정하는 은전론

갑술환국(1694, 숙종 20) 직후 희빈 장씨의 동생인 장희재의 처리를 두고 노론과 소론은 첨예하게 대립했다. 당시 장희재는 복위한 중전(인현왕후)을 모해했다는 혐의를 받고 있었다. 사실 여부를 떠나 혐의만으로도 그는 극형을 면할 수 없었다. 소론 일부에서도 처벌을 인정하는 분위기였다. 이때 남구만은 장희재를 처벌하면 세자가 불안하다며 극형을 피하자고 주장했다. 그가 보기에 이 경우는 원칙대로만 행할 수 없는 상황이었다. 상황에 따른 대처, 이른바 권도權道를 쓰자는 것이었다.

권도는 불변의 원칙인 경도經道에 대비되는 개념이었다. 경도를 쓸 것인지 권도를 쓸 것인지는 원칙과 타협, 명분과 실리 등 다양한 변수와 관련되었고, 일이 있을 때마다 되풀이되는 해묵은 논쟁이었다. 현실에서는 권도에 입각한 주장이 채택되는 편이나, 후대에서는 원칙을 견결히 고수한 이들이 더 평가받는 경우가 많았다. 노론은 남구만을 중심으로 한 소론이 윤리와 강상을 무너뜨리고 의리義理를 해쳤다고 지속적으로 비판했다. 특히 남구만에 대해서는 남인이 다시 집권할 것에 대비해 미리 환심을 사두는 자라고까지 의심했다.

세자의 외삼촌인 장희재에 대한 처리라는 미묘한 문제만을 보면 남구만의 판단이 상황만을 강조하는 듯했지만, 이후의 행보를 보면 그의 권도론 또한 일관된 원칙에 기초하고 있었다. 이후에도 그는 권대운을 비롯한 남인 일부의 신원을 추진했고, 이현일 같은 남인 산림에 대한 가혹한 처벌에도 반대했기 때문이다. 일련의 행보를 가능하게 한 그의 상황 인식은 무엇일까. 갑술환국 직후인 숙종 21년(1695)에 올린 상소를 보자.

갑인년(1674, 숙종 즉위년) 이후에 정국이 여러 번 바뀌었는데 재앙과 난리를 초래한 근저에 당론黨論이 있음은 사람들이 모두 알고 있습니다만, 정권이 뒤집히는 계기인즉슨 '지름길로 연줄을 타려는 데에서 비롯되었다[舊緣於逕路]'고 합니다. 이 까닭에 소인이 선량한 이를 해치는 것은 말할 것도 없고, 국법에 당연히 처벌받아야 할 자라 하더라도 죄인의 마음에 스스로 굴복하지 않고, 속으로 비난하는 사람들도 많습니다. 때문에 부월斧鉞의 형벌이 자주 공경公卿에게 행해져도 기강은 서지 않고, 조정의 처분이 매번 새로 내려도 사람들은 더욱 의심할 뿐입니다. …… 그동안 조정의 신하들이 한 번 나아갔다 한 번 물러나는 것이 마치 낮과 밤이 완전히 상반되고 봄과 가을이 교대하는 것과 같아서, 매번 한쪽 사람으로 하여금 다른 쪽 사람의 죄를 의논하게 하니, 이는 이른바 (저쪽이) 칼과 도마가 되면 나는 어육魚肉이 되고 만다는 것입니다. 의심이 쌓이고 분노가 쌓여있는 와중에 조처가 적절함를 얻지 못하는 것은 진실로 당연한 형세입니다 (《약천집》 9권, 〈두 가지 일을 아뢴 상소陳二事疏〉).

숙종대에 접어들어 붕당 사이의 정쟁이 격화되자 정당한 정책 대결은 실종되고, 부정한 방법을 동원한 정쟁이 전개되었다. 즉 '사대부의 여론[公論]'을 통해서가 아니라, 상대를 염탐하고 역모를 조작하거나 고변하는 방법을 통해 일거에 정국을 뒤집는 일이 횡행했다. 상소에서 언급한 '지름길로 연줄을 탄다'는 것이 바로 그것이었다. 수단이 정당하지 않으니 진짜 소인이 누구인지 분별할 수도 없을 뿐더러, 죄를 받는 이들은 승복하지 않고 상대를 원망하며 훗날을 기약했다. 이제 남는 것은 보복과 보복의 악순환이며, 그 와중에 실종된 것은 법(처분)의 공정성이었다. 이 상황에서 무엇이 필요할 것인가.

오늘날의 시세와 국사를 헤아리건대 지난날의 (정권이) 번복되었던 전철과 잘못되었던 일을 이제 통렬히 징계하고 맹렬히 반성하지 않을 수 없습니다. 옛사람이 이른바 '저들이 급함으로 나를 대하거든 나는 너그러움으로 상대하고 저들이 포학함으로 나를 대하거든 나는 인仁으로 상대한다'는 것이 바로 오늘날 본받아야 할 바입니다. 일신의 사사로운 뜻을 어찌 감히 그 사이에 개입시킬 수 있겠습니까. …… 혹자는 말하기를 '당인黨人(남인을 지칭)을 엄하게 다스리지 않는 것은 저들의 보복을 두려워하여 후일을 위해 대비하는 것이다'합니다. 아, 이러한 말로 한쪽 사람이 등용될 때마다 언제나 상대방의 입을 막는 구실이 되어서 피차간에 똑같으니, 무슨 구별이 있습니까.

옳지 못한 방법으로 상대를 부정해 버리는 상황에서, 시비是非를 가리자는 공론은 오히려 사람의 입을 막는 구실로 전락했다. 남구만은 그같은 상황에선 온건한 조정책이야말로 선택이 아닌 필수라고 보았다.

그것은 불신을 막는 최소한의 안전 장치였으며, 신뢰를 회복하고 정상적인 공론 정치의 기능을 되살리는 발판이었다.

그렇지만 그 효능은 붕당정치의 메커니즘을 넘어서는 대안 구조를 예고하는 것이었다. 사사로움의 개입을 억제한다는 것은 일단 변질해버린 당론을 억제하는 기능을 하겠지만, 장차 법 또는 국왕권이 공평을 담보하는 기준이 되리라는 의미를 내포했기 때문이다.

탕평의 규모를 열다

정국은 남구만의 의도와는 반대로 흘러갔다. 숙종 후반으로 갈수록 더욱 꼬였다. 장희재와 희빈 장씨가 사형, 사사되었고, 남인들은 정계 등용이 거의 막혔다. 숙종 말년에는 명실상부한 노론정권이 성립되었고 소론은 정계에서 거의 축출되었다. 남구만은 이미 생을 달리했지만, 그의 정치적 노선을 계승한 최석정조차 자신의 저술을 소각당했던 것이 숙종 말년의 상황이었다.

훗날의 일이지만, 경종이 즉위한 직후 정국은 다시 파란에 휩싸였다. 노론은 연잉군(영조)를 왕세제王世弟로 건의했고 건의가 수용되자 대리청정까지 주장했다. 경종은 갑자기 입장을 바꾸어 소론 강경파를 등용했으며, '신축환국과 임인옥사'(김창협·김창흡 형제 편 참조)가 일어나 노론은 정계에서 완전히 축출되었다. 경종이 급서하고 영조가 즉위하자 잠깐 노론정권이 들어섰다가 다시 소론이 정권을 잡기도 했으나, 1729년(영조 5)에 탕평이 선포되면서 그같은 급격한 변동은 잦아들기

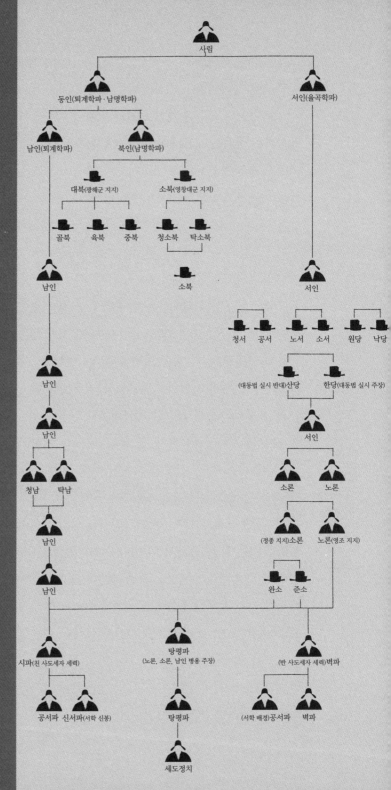

선조 재위 1567~1608	사림 동인(퇴계학파·남명학파)　　　서인(율곡학파) 남인(퇴계학파)　북인(남명학파)
광해군 재위 1608~1623	대북(광해군 지지)　소북(영창대군 지지) 골북　육북　중북　청소북　탁소북
인조 재위 1623~1649	남인　　소북　　서인 청서　공서　노서　소서　원당　낙당
효종 재위 1649~1659	남인　　(대동법 실시 반대)산당　한당(대동법 실시 주장)
현종 재위 1659~1674	남인　　서인
숙종 재위 1674~1720	청남　탁남　　소론　노론
경종 재위 1720~1724	남인　　(경종 지지)소론　노론(영조 지지)
영조 재위 1724~1776	남인　　완소　준소 시파(친 사도세자 세력)　탕평파 (노론, 소론, 남인 병용 주장)　(반 사도세자 세력)벽파
정조 재위 1776~1800	공서파　신서파(서학 신봉)　탕평파　(서학 배경)공서파　벽파
순조 재위 1800~1834	세도정치

시작했다.

　남구만이 직면한 붕당정치의 격화는 몇몇 사람들의 음험함에서 비롯한 일만은 아니었다. 붕당정치가 전개되는 데 따른 피할 수 없는 수순이기도 했던 것이다. 붕당정치가 전개되자 붕당은 자기완결적 구조를 갖춰나갔다. 각 붕당에는 이념의 대표자인 산림이 존재하고 산림을 중심으로 학파가 형성되어 광범위한 지식인이 결집했다. 이제 붕당은 관료, 산림, 이름없는 유생까지를 아우른 거대 집단이 되었던 것이다. 그 발생 과정은 서인도, 남인도 마찬가지였다. 비록 사대부에 국한되긴 했지만, 그들은 일종의 여론정치를 수행했다.

　인조대에서 현종대에 붕당이 공존하고 연합했던 것은 붕당이 난숙해질 때까지 필요한 시간이기도 했다. 숙종대에 접어들어 공존이 깨진 것은 완결적 구조를 가진 붕당끼리의 본격적인 경쟁이기도 했다. 환국을 통해 붕당이 일진일퇴一進一退했던 것은 현상만 본다면 말폐라고 할 수 있지만, 붕당이란 유기체가 극성極盛에 달했기에 나타난 현상이기도 했던 것이다.

　하지만 붕당 사이에 경쟁이 과열되면서 비정치적 영역이 정치적 판단 대상이 되거나, 사사로운 혐의가 공론의 이름을 빌려 상대방을 단죄하는 행태로까지 번지는 현상은 분명 부정적이었다. 요즘 식으로 본다면 정책 정당이 되지 못하고 정쟁에 몰두하는, 음모와 마타도어가 점철되기 시작한 것이다. 상대방을 역적逆賊으로 얽어매면, 개인들 사이의 원한과 골은 깊어갈 수밖에 없었다. 사촌끼리도 붕당이 다르면 외면하고, 사사로운 왕래가 끊겼으며, 심지어 종들마저도 붕당에 따라 외면하

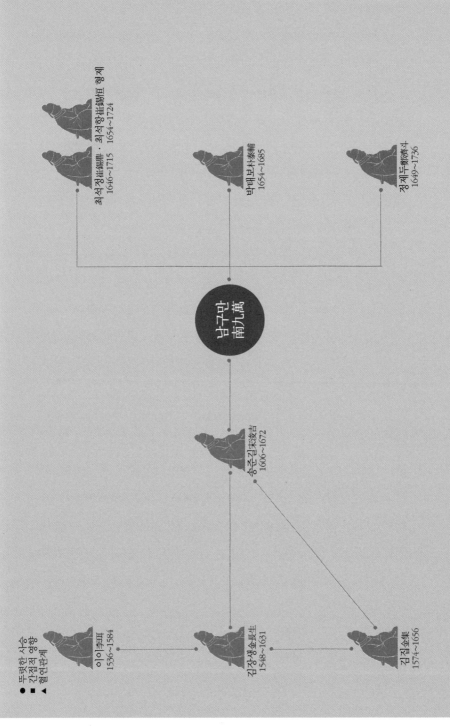

● 뚜렷한 사승
■ 간접적 영향
▲ 혈연관계

이이李珥
1536~1584

김장생金長生
1548~1631

김집金集
1574~1656

송준길宋浚吉
1606~1672

남구만南九萬

최석정崔錫鼎
1646~1715

최석정崔錫鼎 · 최석항崔錫恒 형제
1654~1724

박태보朴泰輔
1654~1685

정제두鄭濟斗
1649~1736

는 극단적 현상까지 빚어졌다.

　그 불을 끄기 위해서는 나와 상대의 잘잘못을 인정하고, 인재를 적절히 등용하는 지혜가 필요했다. 그렇다면 선발과 조정의 권한이 커지니 그것은 곧 탕평론으로의 발전이었다. 숙종대 그 주장을 대표하는 이가 박세채朴世采와 남구만이었다. 박세채는 조정을 통한 탕평을 강조했으나, 서·남인의 대립이 깊어진 갑술환국 이후에는 엄격한 분별을 강조했다. 대립이 심해지자 시비是非를 강하게 주장했던 것이다. 그러나 남구만은 그럴수록 조정을 중시했으며, 비판이 법을 넘어서는 현상에 단호하게 대응했다.

　남구만이 내건 온건론은 환국이 진정되자 힘을 발했다. 영조는 노론의 공으로 보위에 올랐다고 할 수 있고 많은 소론 인사들의 관작을 추탈했어도, 숙종의 묘정廟庭에 배향된 남구만을 두고 '명분에 죄를 얻은 죄인이다'라는 상소가 빗발쳐도 끝내 조처하지 않았다. 비록 화려한 재평가는 없었지만, 남구만의 모색은 노론과 소론의 온건론자[緩論]들을 중심으로 전개된 탕평 속에 실질적으로 실현되고 있었다.

　## 소박한 서민풍 재상

　여담으로 남구만의 풍모를 전하는 모습 하나를 전해보겠다. 관계를 화려하게 누볐던 그였지만 일상은 소박한 서민풍의 재상이었다. 영의정 시절 그는 이따금 미복 차림으로 주점에 들러 시정의 다난한 이야기를 듣기도 했고, 거기서 만난 쓸 만한 사람을 천거했다고도 전한다. 정

《영의정 치사 약천 남선생진, 문인 영의정 최석정찬》(국립중앙박물관 소장).

**17세기 조선
지식인 지도** 김장생·김집 김 육 장 유 송시열치는 복잡했지만 사회는 바야흐로 안정되었고, 서민의 풍속도가 새로 그려지는 시기이도 했으니, 그것은 숙종이나 영조가 미복 차림으로 다녔다는 일화에 짝하는 노재상의 미담일 것이다. 희빈 장씨가 죽임을 당한 신사년(1701, 숙종 27)의 옥사 이후에는 정계 일선에서 물러나와 용인에 거주하면서 전장을 경영했으니, 그것 또한 서민풍 노재상의 말년에 잘 들어맞는 일이겠다.

붕당과 붕당정치 ^{朋黨}

'붕당'은 뜻을 같이하는 무리로도, 사리私利를 추구하는 무리로도 해석될 수 있었다. '군자는 당黨(서로 도와 죄를 숨겨줌)하지 않는다'(《논어》, 〈술이〉편)는 말이 공자 시대에 쓰였을 정도로 당黨의 의미는 특히 부정적이었다. 따라서 붕당의 결성은 국왕 앞에서 사사로운 이익을 위해 뭉친다는 오용의 소지가 많았다. 조선의 법률에 지대한 영향을 미쳤던 《대명률大明律》에 "붕당을 만들어 조정을 어지럽힌 관원은 목을 베고, 처자는 종으로 삼고, 재산은 몰수한다"고 규정한 것이 대표적이다.

그러나 성리학이 발흥한 중국 송대에는 붕당에 대한 새로운 해석이 내려지기 시작했다. 대표적인 인물이 구양수歐陽修와 주자였다. 구양수는 〈붕당론朋黨論〉이란 유명한 글에서, "군자는 군자와 더불어 도道를 함께하고 붕朋을 이루며, 소인小人은 소인끼리 이利를 같이하여 붕朋을 이루니 …… 군주가 소인의 위붕僞朋을 물리치고 군자의 진붕眞朋을 쓴다면 천하가 잘 다스

17세기 조선
지식인 지도

려질 것이다"라고 과감하게 붕당 개념을 전복했다. 형식이 문제가 아니라 내용이 문제이니, 바른 정책을 추구하는 군자 집단을 변별하라는 의미였다.

주자 역시 그 관점을 계승했다. 주자는, 붕당에 대한 선입견 때문에 군자와 소인을 구분하지 않는 풍조야말로 망국의 길이니 그것을 깨기 위해서라면 스스로 붕당에 적극적으로 들어야 하며, 나아가 "장차 군주를 붕당으로 이끄는 것도 꺼리지 말아야 한다"고 주장했다. 이것이 유명한 '인군위당설引君爲黨說'이다. 원래 그의 의도는 군자·소인의 분별을 명확히 하자는 것이었으나 나중에는 군주도 붕당에 들어야 한다는, 곧 군자당의 절대적 권위를 가리키는 말로 종종 사용되었다.

조선에서도 붕당 결성은 기피의 대상이었다. 훈구와 사림의 대립으로 15세기 후반~16세기 전반에 일어났던 이른바 사화士禍에서, 신진 세력인 사림에게 붙인 죄목 가운데 하나가 '붕당을 결성하여 조정을 어지럽힌다'는 것이었다. 하지만 16세기 중반 이후 사림이 정계의 주류가 되면서 붕당에 대한 인식 또한 변하기 시작했다. 그 견해를 대표하는 사람이 이이李珥였다. 그는 〈논붕당소論朋黨疏〉에서 붕당이 문제가 아니라 군자와 소인의 분별이 문제이고 "지금은 사림이 바로 군자당[士類君子黨]"이라고 옹호했다. 그 상소는 붕당정치의 만개滿開를 예고하는 신호탄이었다. 하지만 정계의 주류가 된 사림 또한 현실 정치를 피해갈 수는 없었으니, 군자당을 표방했던 사림은 이내 동인과 서인으로 분열해 나갔다. 사림의 분열을 목도한 이이는 양측 모두에 시비是非 곧 군자·소인이 있을 수 있다고 인정했고, 나아가 조정과 보합保合의 필요성을 강조했다. 이것이 조제론調劑論이다. 이이가 전후前後에 내세웠던 주장은 붕당정치가 본격화한 17세기에 군자소인의 분별을 강조하며 군자당의 석권을 강조하는 견해와, 붕당 사이의 공존을 인정하며 조정과 조제를 강조하는 흐름으로 이어졌다.

광해군대의 북인정권은 애초 서·남인까지 포괄하는 연합정권이었다. 임진왜란 이후의 혼란을 극복하기 위해서 사대부 일반의 광범위한 지지는 필수였다. 하지만 정권 말기에 대북大北의 독주가 두드러지자 그 구도는 깨졌고, 인조반정으로 서·남인이 연합한 정권이 탄생했다.

인조대 서·남인의 연합정권은, 정도차는 있지만, 효종·현종대까지 대체적인 윤곽을 유지했다. 광해군대와 마찬가지로, '공존과 견제'를 통한 안정적인 정국 운영은 전후戰後 복구와 사회질서 구축을 위한 필연적 선택이었다. 서인과 남인은 공존과 견제 속에서 치열한 정책 대결을 펼쳐나갔는데 예송禮訟이나 사상 시비를 일례로 들 수 있다.

공존과 견제 구도는 현종 말에서 숙종 초를 지나며 사라졌다. 양난의 피해가 거의 복구된 것이 일차적 원인이겠으나, 붕당이 성장한 것도 주요한 원인이었다. 붕당은 서원을 매개로 결집한 재야 유생과 산림, 그들과 직간접으로 연결된 관료로 구성되어 구성층을 두텁게 다져나갔다. 붕당이 자기 완결적 구조를 형성하자 한 붕당이 정권을 온전히 담당하는 일당전제一黨專制, 즉 붕당의 진퇴가 확연히 구분되는 일진일퇴一進一退라는 정국이 전개됨은 필연이었다. 이러한 정권의 급격한 변동을 '환국換局'이라 했다. 환국은 숙종 초에서 영조 초까지 유명했던 것만도 여섯 차례였다. 환국기에 정권은 서인과 남인, 서인이 분화한 노론과 소론으로 수차례 이동했다. 환국의 표면적 이유는 역모사건이나 왕위계승 같은 문제가 뒤섞인 '충역시비忠逆是非'였는데, 당시는 학파와 당파가 긴밀하게 연결되었는지라 학문을 둘러싼 갈등, 즉 사문시비斯文是非 또한 원인이었다. 환국은 영조가 1729년(영조 5)에 기유처분으로 탕평정치를 선포하면서 막을 내렸다.

환국기에는 붕당 사이의 격렬한 대립을 비판하며 훗날 탕평론으로 발전한 이론들이 등장했다. 대개 이이의 조제 정신을 이어받아 조정해야 한다는

주장이었다. 이론을 대표하는 인물이 박세채였다면, 정치 현실에서 이를 적극 주장한 인물이 남구만이었다. 남구만은 남인이 정계에서 완전 몰락한 숙종 20년 이후 남인에 대한 과도한 처벌을 반대하는 은전론을 주장하고 탕평을 주장해 비교적 안정적인 기반을 마련했다.

붕당의 등장, 공존과 연립, 환국과 일당 전제로 이어지는 붕당정치는 17세기 조선 정치를 설명하는 코드다. 사상과 정치를 일체로 보았던 시기에 이념을 기준으로 정치질서가 전개된 것은 필연이긴 했으나, 붕당 자체가 생성, 성장, 쇠퇴했던 유기체였기에 붕당이 비대해질수록 관직을 둘러싼 분쟁이 나타날 수밖에 없었다. 그 과정을 날카롭게 파악한 이가 이익李瀷이었다. 그는 《곽우록藿憂錄》에서 붕당의 대립은 관직의 수효는 한정되어 있는데 후보자는 많은 과정에서 생기는 구조적인 문제임을 지적했다.

일제강점기 조선 망국의 원인을 붕당정치의 파당성에 돌리며 식민 지배를 합리화한 이른바 식민사관이 한때 퍼졌음도 사실이다. 식민사관의 정치적 음험성은 누차 지적되었고 이론으로도 극복되었기에, 지금에 와서 논하는 것은 별 의미가 없다고 본다. 다만 명분과 이익이 복잡하게 얽혀 있던 당시의 정치 운영에 대한 이해와 비판, 이념과 구조 속에서 고민했던 여러 인간들의 모습을 있는 그대로 보며 그 한계를 담담히 유추해 보는 일은 언제든 중요할 듯하다.

철학과 시문詩文을 넘나들며
이념의 지표를 새로 세우다

김창협金昌協·김창흡金昌翕 형제

김창협

자字 중화仲和, 호號 농암農巖, 본관本貫 안동安東

1651(효종 2) 경기도 과천에서 출생함. 1665(현종 6) 15세 이단상에게 배우고, 또한 사위가 됨. 1674(현종 15) 24세 송시열을 만남. 1682(숙종 8) 32세 문과 장원. 1683(숙종 9) 33세 경연에서 명성을 날림. 1687(숙종 13) 37세 대사간, 대사성 역임. 1689(숙종 15) 39세 부친 김수항 사사賜死됨. 1692(숙종 18) 42세 경기도에 농암서실農巖書室을 완성하고 은거함. 1695(숙종 21) 45세 경기도 석실서원에 머물며 문인 양성. 1701(숙종 27) 51세 아들 숭겸崇謙의 죽음으로 인해 동대문 밖 동교東郊로 옮김. 〈퇴율선생사단칠정설退栗先生四端七情說〉을 지음. 1704(숙종 30) 54세 박세당의 《사변록思辨錄》을 비판함. 1708(숙종 34) 58세 경기도 석실서원에서 별세.

김창흡

자字 자익子益, 호號 삼연三淵, 본관本貫 안동安東

1653(효종 4) 서울에서 출생함. 1667(현종 8) 15세 이단상에게 배움. 1673(현종 14) 21세 진사시 합격. 1676(숙종 2) 24세 처사 조성기를 만남. 1679(숙종 5) 27세 금강산 유람 시작. 경기도 철원 삼부연에서 은거 시작. 이후 가평, 설악산 등지에서 은거. 1682(숙종 8) 30세 서울 백악산에 낙송루를 짓고 시풍을 떨침. 1689(숙종 15) 37세 부친이 사사되자 경기, 강원도에 은거하다 유학에 전념. 1696(숙종 22) 44세 경기도 석실서원에서 김창협과 함께 문인 양성. 1698(숙종 24) 46세 최석정과 절교하고 이후 몇 차례 시사時事에 개입. 1711(숙종 37) 59세 인물성동이人物性同異 등에 대한 문인들의 논쟁을 정리하여 낙론洛論 형성에 기여함. 1722년(경종 2) 70세 서울 동대문 밖 동교東郊에서 별세.

병자호란이 끝난 후 조선의 지도층은 '오랑캐 국가'인 청淸은 100
년이 못 갈 것이라고 예상했다. 여진이 세웠던 금金도, 몽고가 세웠던 원元
도 모두 그러했었다. 한데 17세기 후반부에 목도한 것은 청이 명明을 넘어
서는 영토와 문물을 자랑하며 전성기에 진입했다는 사실이었다.

조선의 국내 정세도 변하기 시작했다. 양란으로 흐트러졌던 조선 사
회의 경제력은 회복되었고 전후의 긴장은 이완되었다. 그에 따라 정치
지형도 변했다. 국가 재건을 위해 연합했던 서인과 남인은 정책 노선의
차이를 보이며 대립했고 그 와중에 서인은 노론과 소론으로 분화했다.

사회는 변하고 있었다. 양난의 긴장을 녹이고 여유로운 삶을 예고하
는 미풍이 불기 시작했다. 그러면 청에 대한 복수를 국시國是로 내걸었
던 조선의 구호는 공허해지는 것일까? '주자朱子의 이상대로'를 외쳤
던 서인은 변화한 현실에서도 여전히 기존의 이론을 고수할 것인가?

농암農巖 김창협金昌協과 삼연三淵 김창흡金昌翕 형제는 그러한 시대
를 살았다. 비교적 최근에 조명받기 시작해 일반인들에겐 이들 형제(이
하 농연農淵)가 다소 생소할 수도 있다. 조명이 더뎌진 이유 중 하나는
이들이 19세기 세도정권의 주역이었던 안동 김씨였기 때문이었다. 세
도정권기의 말폐에 대한 반성을 감안한다면 이 게으른 주목은 이해 못
할 바 아니다. 하지만 안동 김씨가 아무런 노력 없이 왕실과의 혼인이
라는 행운만으로 세도가의 정점에 오를 수 있었던 것은 아니었다.

안동 김씨의 구성원들은 17세기 이래 200여 년 동안 가문을 사대부
명가로 키우고자 노력했다. 김상헌金尙憲과 김수항金壽恒 등이 관료로

김수항은 김창집·김창협·김창흡·김창업·김창즙·김창립 6형제를 두었다. 김창집은 영의정을 지냈고, 김창협과 김창흡은 시와 문장으로 이름났으며, 김창업과 김창즙도 학문과 문장에 뛰어났다. 막내 김창립도 시에 뛰어났는데 요절했다. 세간에서 그들을 '육창六昌'으로 불렀다. 그림은 〈김문곡수항〉(덴리 대학 소장).

김창집의 초상 〈영의정 몽와 김공 칠십이세진〉(《기사계첩》, 홍기준 소장).　　　　김창업이 그린 〈추강민박도〉의 일부(간송미술관 소장)

서 충절을 빛냈다면, 농연은 학문과 문예에 걸출한 업적을 남겼다. 세도가로의 부상은 그 저력이 안받침한 결과였다.

변화의 바람이 불기 시작한 시기, 서인-노론을 대표하는 명가名家의 일원이자, 송시열의 서울 지역 적자嫡子였던 농연은 어떤 대안으로 시대에 응답했을까. 그들의 응답은 당시 지배층의 변화에 대한 적응력을 가늠하는 잣대라 할 만하다.

농연 사상의 세 원천

농연이 활동한 분야는 정치·사상·문예에 두루 걸쳐 있었다. 다양한 분야를 살피기 전에 그들의 다채로운 이력을 가능케 했던 요인부터 캐보는 일이 순서일 것이다. 첫째 요인은 가문의 전통이었다. 농연의 증조부는 김상헌金尙憲이고, 부친은 김수항金壽恒이었다. 김상헌은 잘 알려져 있다시피 병자호란 때 척화파의 영수로 활동했다. 김상헌의 형 김상용은 강화도가 청의 수중에 넘어갈 때 화약을 터뜨려 자결했다. 이후 형제는 조선의 충절을 대표하는 인물로 추앙받았다.

김상헌의 손자이자 농연의 부친인 김수항은 현종·숙종대 서인-노론을 대표하는 관료였다. 그는 산림 송시열의 주장을 정계에서 실천한 대표적인 인물 가운데 하나였고, 기사환국(이현일 편 참조) 때에 송시열과 함께 사사되었다. 척화의리의 가문, 서인-노론이 주장한 의리의 실현자, 그것이 형제가 가문에서 물려받은 유산이었다.

둘째는 물려받은 학통이었다. 서인을 대표하는 율곡학맥의 주류는 충청도를 중심으로 활동했던 김장생에서 송시열로 이어졌다. 송시열의 학문은 권상하 중심의 그룹과 농연 중심의 그룹에게 계승되었다. 농연이 활동했던 주무대는 서울-경기 일원이었으니 그들은 송시열의 서울 지역 적자였다. 훗날 권상하 문하의 인사들은 충청도(湖西)의 노론학맥, 즉 호론湖論을 형성했고 김창협·김창흡을 이은 그룹은 서울(洛下)의 노론학맥, 즉 낙론洛論을 형성했다.

농연의 학문은 송시열을 계승했지만, 엄밀히 말해 반만 계승한 것이었다. 그들은 송시열의 의리관과 주자 고수 논리를 계승하기도 했지만,

서울의 학문 전통에도 깊이 영향받았기 때문이었다. '서울의 지적 분위기' 그것이 세 번째 원천이었다. 당시 서울이 가진 의미는 지금보다 덜하지 않았다. 문물의 빠른 수용과 세련된 문화 수준. 그 환경 속에서 명문의 자제들은 말할 것도 없고, 능력 있는 중인들조차 웬만한 시골 선비를 능가하는 교양을 쌓을 수 있었다.

학문 또한 마찬가지였다. 서울의 학인들은 정파와 상관없이 교류하며 지방과는 다른 학문 내용을 갖춰나갔다. 시간이 흐를수록 학문에서 서울은 서울대로, 지방은 지방대로의 구도가 강화되었다. 물론 붕당 사이에 정치적으로 결합하는 양상은 여전했다. 예컨대 기호 남인과 영남 남인의 정치적 유대는 여전히 공고했지만, 학문 내용은 고학古學과 퇴계 고수로 달라진 것을 들 수 있다. 농연의 출현은 그러한 분화가 노론에서도 진행됨을 의미했다. 그들은 송시열의 학문을 고수했던 충청도와 달리, 송시열의 학문을 서울의 사상적 전통으로 재해석해 서인 학술계에 파장을 예고했다.

훗날 권상하의 문인과 농연의 문인 사이에 미증유의 철학 논쟁이 전개되었는데, 한국 철학사의 한 장을 장식한 이른바 호락논쟁湖洛論爭*이었다.

* 호락논쟁은 18세기 초 서울과 충청도의 노론 학자들이 벌인 철학 논쟁이었다. '인성人性과 물성物性이 같은가 다른가人物性同異', '미발未發 때에 마음에 선善함만 있는가 선악善惡을 겸했는가', '성인聖人과 범인凡人의 마음이 같은가 다른가' 등이 논쟁의 주제였다. 논쟁은 애초 철학 영역에서 출발했으나 학파와 정파 사이의 대립까지 초래했고, 참여층도 노론에 머무르지 않고 유학계 전체로 확산되어 20세기 초까지 끊이지 않았다.

정쟁 속에 택한 처사處士의 삶

김창협의 유년기는 현종대, 서인이 정국을 주도하던 시절이었다. 서울의 여느 명문가 자제처럼 그 또한 관료로 입신하려는 꿈을 품고 문장 공부에 주력했다. 그런데 20대 후반이었던 숙종 초년기에는 남인이 정국을 주도했기에 문과에는 32세(1682, 숙종 8)에 장원으로 급제했다. 경신환국(1680) 이후로 서인이 집권한 시기였다. 그는 서인의 촉망받는 신진 인사로서, 경연에서 명성을 날리며 성균관의 학장인 대사성까지 올랐다.

김창협의 일생에서 가장 큰 전환점은 1689년(숙종 15)의 기사환국이었다. 영의정인 부친 김수항은 사사되었고, 영의정을 역임했던 둘째아버지 김수흥은 유배지에서 죽었다. 김수항은 자손들에게 "자신의 일생을 전철로 삼아 벼슬하게 되면 요직要職을 피하고, 가문을 빛내려면 학문에 전념하라"는 유훈을 남겼다. 그는 부친의 유언을 따라 다시는 관직에 발을 딛지 않았다. 당시의 심정을 아뢴 상소는 후대에 명문 가운데 하나로 꼽혔다.

신은 천지 사이에 일개 죄인입니다. 선신先臣(김수항)이 화를 당한 후로 어느덧 여섯 해가 지났는데 아둔하고 미련하여 죽지도 못하고 소리 없이 거처하고 외로이 다녀서 사무치는 통한이 있는지도 구차하게 사는 게 수치인 줄도 모르게 되었으니, 살아서는 불효한 사람이요 죽어서는 불효한 귀신일 따름입니다. ……
신의 형제들은 '소인이 군자의 자리에 있어선 안 된다[負乘]'는 경계와 '그치고 만족할 줄 안다[止足]'는 교훈을 생각하지 않고 맹목적으로 나아가서 높은 자리

김장생·김집   김 육   장 유   송시열

김창협의 《농암집》 중 〈사호조참의소辭戶曹參議疏〉 일부. 농부가 되어 다시는 벼슬하지 않겠다고 다짐한 이 상소는 명문으로 꼽혀, 20세기 초에 김택영이 편찬한 《여한십가문초麗韓十家文鈔》에도 실렸다.

에 오르고서는 물러날 줄을 몰랐습니다. 마침내 영화가 차면 오게 마련인 재앙이 선신에게만 미치고 신은 요행이 면했으니 불효가 이보다 더 클 수 없습니다. 신은 이 생각을 할 때마다 부끄럽고 원통하여 땀과 눈물이 함께 흐르지 않은 적이 없습니다. 그리하여 평생 농부로 살다 죽을 것이지 다시는 사대부의 반열에 오르지 않으리라 맹세한 지 오래입니다(김창협, 《농암집》 8권, 〈호조참의를 사양하는 상소辭戶曹參議疏〉).

부친의 죽음을 절절히 자책하며 영원히 농부가 되겠다고 다짐한 상소대로, 김창협은 경기도 영평에서 '농암農巖'으로 자호하며 은거했다. 이후 그는 경기도 양주 지금의 미사리 북쪽변에 있었던 석실서원石室書

院에서 아우 김창흡과 함께 많은 제자를 양성하다가 석실서원 근처의 삼주三洲에서 생을 마감했다.

김창흡은 단아한 학자라기보단 시인, 지식의 편력자, 방랑자였다. 그는 21세에 진사에 급제했지만 이내 과거를 단념했고 평생 처사處士로 살았다. 그의 삶은 관료였던 부친, 학자였던 형보다는 은사隱士였던 큰아버지 김수증金壽增*을 닮았었다.

학문 편력도 방외方外 기질과 잘 어울렸다. 청년 시절 그의 마음을 사로

> * 김수증(1624~1701, 호는 곡운谷雲)은 안동 김씨 가문에서 출현한 본격적인 은자이다. 50대 이후에 강원도 화천의 곡운谷雲과 화음동華陰洞에서 20여 년을 은거했다.

잡은 것은 성리학이 아니라 제가諸家의 시詩와 노장老莊 등이었다. 한때는 불교에 심취하기도 했다. 그는 죽는 순간에도 스스로 삼교三敎(儒佛仙)를 회통했다고 자부했다.

김창흡은 방랑자였다. 27세에 철원 삼부연三釜淵에 은거한 이래, 그의 거처는 설악산의 영시암永矢菴과 오세암, 경기도 벽계蘗溪 등지로 수없이 오갔다. 국토 기행은 더욱 왕성했다. 금강산에만 여섯 번 올랐으며, 팔도 곳곳을 누비지 않은 곳이 없어서, 형 김창협이 일찍이 "내 아우는 팔방八方을 주유한다"고 평했을 정도였다. 중국도 꼭 가고 싶어했는데 그 기회는 아우 김창업에게 돌아갔다. 김창업은 훗날 연행문학의 걸작 《노가재연행일기老稼齋燕行日記》를 남겼다.

그러나 김창흡이 평생토록 정력을 쏟고 또 스스로 자부한 분야는 시詩였다. 그는 5,000여 수가 넘는 한시漢詩를 남긴 당대의 거장으로, 그의 시는 대체로 '조선의 산천, 풍속, 정감을 노래한 한시[東國眞詩]'의 선구로 평가받는다. 문학에 대한 사랑과 정열이 바탕에 있었음은 물론

인데, 그 정도가 어느 정도였는지를 보여주는 재미난 일화가 전한다.

삼연(김창흡) 선생은 글에만 몰두하는 고질병이 있어 생전 벗어나지 못했다. 농암(김창협) 선생의 장례 때 하관下官하는 순간에도 선생은 문생과 더불어 누구누구의 제문이 나은가 못한가를 평하고 있었다. …… 포음 선생(삼연의 아우 김창즙)의 소상小祥 때, (포음의) 아들 용겸이 나이가 어린지라 연복練服 등의 상구喪具를 미처 마련하지 못했었다. 삼연 선생이 와서는 빈객, 문생들과 고금의 문장을 담론하느라 그것을 전연 살피지 않았다가 날이 밝자 깨닫고는, 어찌할 도리가 없자 우리 큰형님에게 급히 빌렸다. 삼연 선생이 시문에 빠지는 버릇에서 끝내 벗어나지 못했음이 이와 같았다(조영석, 《관아재고》 3권, 〈만록漫錄〉).

평생 얽매임이 없었던 김창흡도 부친의 죽음 이후에는 많은 변화를 겪었다. 그는 한때 불교에 침잠하기도 했으나, 40대에 접어들자 성리학에 전념했고 둘째형 김창협과 함께 석실서원에서 문인을 양성하기도 했다. 김창협이 죽은 뒤에 그는 낙론洛論의 중심인물이 되어 학파 결집을 주도했다. 그러나 말년에는 신임환국辛壬換局*의 소용돌이에서 두 번째의 가화家禍를 예감하며 운명했다.

* 신축년(1721, 경종 원년)에 노론이 왕세자 연잉군(영조)의 대리청정을 추진하다가 정권을 잃은 사건이 신축환국이다. 이듬해인 임인년에는 '노론 일부 인사가 경종을 시해하려 한다'는 고변이 올라와 큰 옥사가 벌어졌는데 이것이 임인옥사이다. 두 사건을 합쳐 신임환국 혹은 신임옥사라고 부른다. 신임환국 당시 노론의 영수가 김창흡의 큰 형 김창집이었다. 옥사로 인해 김창집은 사사되었고, 그의 아들 김제겸과 손자 김성행도 죽었다.

탈속과 정치 참여의 이중주

김창협은 관료에서 은사가 되었고, 김창흡은 일생을 처사로 살았다. 정쟁의 격랑이 높아가는 시점에서 명문가의 촉망받는 인사들의 은거인지라 그들의 선택은 신선할 수밖에 없었다. 하지만 그것이 세상과의 완전한 절연絶緣을 의미하지는 않았다. 오히려 은거는, 자신이 보기에 잘못 흘러가는 세상에 대한 완곡한 저항이었다.

갑술환국 이후 소론 중심의 서인정권이 들어서자 김창협 형제에 대한 조정의 출사 요구는 매우 집요하게 계속되었다. 형제는 어떤 태도를 취했을까? 형제는 소소한 일상에는 일절 간섭하지 않았으나, '의리의 대강大綱'에 관한 문제만은 멀리 떨어져 있을지라도 상세히 토의해 결정했다. 그 논의의 결과였을까. 형제의 맏형 김창집은 1701년(숙종 27)에 호조판서에 취임했다. 그는 훗날 영의정까지 올라 정계를 좌우했다. 어떻든, '청요직에 들지말라'는 부친의 유계를 어겼다는 비판은 감수할 수밖에 없었다. 숙종 30년을 전후한 대략 5~6년간 농연은 간접적으로 학계와 정계에 영향을 미쳤다.

숙종 20년 후반부터 노론과 소론 사이에는 일련의 사문시비 논쟁이 불붙었다. 그 처음은 1703년(숙종 29)의 이른바 '《사변록思辨錄》 사건'이었다. 이 사건은 김창흡이 박세당의 문인에게 편지를 보내, 박세당이 《사변록》을 지을 때 주자의 주석을 비판적으로 본 것을 문제삼은 데서 촉발했다. 이 편지가 발단이 되어 양측의 유생과 학자들이 크게 논쟁했고 숙종은 노론의 의견을 받아들여 박세당을 정배하고 《사변록》을 소

김장생·김집   김 육   장 유   송시열

각했다. 1709년(숙종 35)에는 최석정이 지은 《예기유편禮記類編》 사건이 불거졌다. 이 사건의 발단도 김창흡의 비판이었다. 그가 '최석정이 《중용》과 《대학》을 마음대로 고쳤다'고 한 언급을 계기로 노론 유생들이 들고 일어났고, 이듬해 숙종은 《예기유편》의 판본을 소각했다.

농연은 노론과 소론의 사상 시비가 격렬해질 무렵, 때론 논쟁을 촉발하거나 때론 노론의 이론가로 활동했다. 자신들을 산림이라 자칭한 적은 없으나, 당시의 그들은 노론 산림과 다름없었다. 농사꾼을 맹세한 전직 관인과 산천을 방랑하는 처사가 산림처럼 시사時事를 왈가왈부하는 것은 위선이 아니었을까. 사사로운 언급이나 편지를 통해 의견을 개진했다지만, 결국 사문시비를 야기한 장본인이 되지 않았는가.

필자가 그들을 변명할 마음은 없지만, 왜 그랬는지를 설명할 필요는 있다고 본다. 농연은 자신들의 은거는 상황에 따른 선택이지만, 그것 또한 '세상의 도리[世道]'를 위한 길이라고 생각했다. 다시 말하면 그들은 삶의 형식에 집착하지 않았다. 상황에 따라 관인官人이 될 수도 처사가 될 수도 있겠지만, 어느 위치에서건 '바른 도리를 실현한다'는 원칙으로 일관했다. 김창협은 이를 두고 '자신의 은거는 궁극적으로 세도에 보탬이 될 것'이라고 전망했다. 그 역설이 가능했던 것이 바로 성리학의 은거관이었다.

전통적으로 유학에선 도道가 실현될 만하면 세상에 나아가고, 어지러우면 물러나 도를 간직한다. 관인이 되어 치국평천하治國平天下하거나 도道를 품고 숨어버리는 은사의 자정自靖은 삶의 형식에 불과했다. 성리학에서 그 도는 '하늘의 이치[天理]'라는 객관적 질서로 더욱 일원

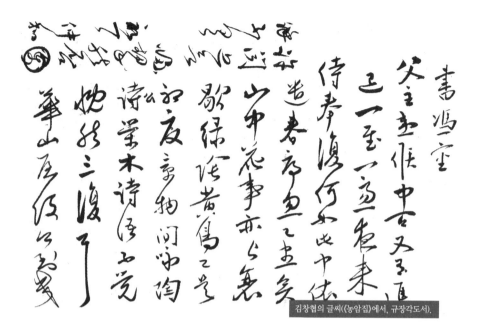

화되었다. 은자 역시 그 질서 안의 존재이니 그들이 세상을 방관하지 않는 것은 유학적 견지에선 자연스러울지 모르나 외면상 이중적임은 어쩔 수 없었다. 탈속과 세도 실현이 융합하는 듯 갈등하는 듯한 그러한 관계, 농연의 삶이 그 사이에 있었다. 그 여정의 다면성은 철학과 문예에서도 그대로 나타났다.

주자주의의 변화 가능성

농연이 산림 역할을 수행하자 노론 내부에 미묘한 파장이 생겨났다. 이제까지 노론을 형성한 큰 줄기는 충청도의 산림과 서울의 명가名家였다. 그런데 이제는 서울 명가 출신의 산림이 출현했으니, 서울 인사

김창흡의 글씨(《근묵》에서).

들의 주도권이 한층 강화될 가능성이 높았다. 학문에서도 마찬가지였다. 농연을 중심으로 낙론이 결집하자 노론의 학맥은 크게 충청도의 호론湖論과 서울의 낙론洛論으로 나뉘었다. 외형만 본다면 송시열의 학맥은 서울에 든든한 둥지를 튼 셈이었지만, 농연은 서울의 학풍에서도 지대하게 영향받았기에, 이이에서 송시열로 이어지는 성리설을 비판적으로 재구성할 수 있었다.

그 과정에 큰 영향을 끼쳤던 인물이 서울 남산에 살았던 처사 졸수재 拙修齋 조성기趙聖期(1638~1689)였다. 그는 약관의 젊은 나이에 퇴계와 율곡을 비판하고 상호보완을 주장한 수재였다. 조선 성리학의 양대 산맥을 통합, 절충하려 했던 그의 구상은 청년기의 농연에게 큰 영향을 미쳤다. 한국 철학계에서는 조성기와 농연 형제 등을 퇴·율절충파退

조성기의 《졸수재집》 중 〈퇴율양선생사단칠정인도이기설후변退栗兩先生四端七情人道理氣說後辨〉 일부. 이 글은 조성기가 20세에 이황과 이이의 성리설을 비판, 절충한 글이다. 조성기의 학문은 농암과 삼연에게 큰 영향을 미쳤다. 박지원은 〈허생전〉에서 그를 적국에 사신 보낼 만한 인물로 평했다.

栗折衷派로 분류하기도 한다.

그들의 논리에 관심있는 독자라면 그들이 얼마나 정교하게 정합했느냐가 관심일 터이지만, 여기선 절충이 가능했던 정신에 초점을 맞춰보려 한다. 그들의 시도가 가능했던 것은 학문을 대하는 원칙으로 스스로의 깨달음, 즉 자득自得을 강조했기 때문이었다. 옛 현인들, 위대한 선배들의 입장은 '지금, 이곳에서' 다시 음미되어야 했다. 따라서 고민 없이 그대로 답습하는 태도, 즉 교조주의는 그들이 가장 경계하는 대상이었다.

하지만 선배의 전철을 밟지 않고 나의 깨우침에 의존한다면, 그것이 과연 공맹의 길을 제대로 가는 것이라고 누가 장담할 수 있으리. 그 물음에 대한 응답은, 그것은 증명의 영역이 아니라 신념의 영역이라는 것이었다. 과연 그들은 사고의 저변에 '성인의 마음과 내 마음이 같다[聖凡心同]'는 낙관을 깔고 있었기에, 스스로의 깨우침을 중시할 수 있었다. 그 정신 곧 선善을 향한 마음의 보편성, 인간의 개조 가능성에 대한 믿음, 그것이 농연에서 수립되어 낙론으로 이어진 종지宗늡였다.

김창협은 정설로 굳어진 명제를 숭상해 따르기만 한다면 이는 올바름을 구하는 도리가 아니라고 했다. 김창흡의 경우에는 강조가 더 심했다. 자신의 견해가 율곡과 다르면 율곡을 비판했고, 주자와 다르면 주자를 비판했다. 그것은 선배의 학문을 상황에 맞추어 후배들이 '새로해석[創新]'하는 과정이었다. 그의 학문 태도와 여파를 잘 보여주는 평가가 있다.

삼연의 말은 통쾌하여 격렬히 말할 때에는 비록 선배, 전현前賢이라도 종종 낮추어 보고 조금도 봐주지 않았다. …… 그래서 그의 문인들은 모두 그런 행태를 본받아 옛사람을 깔보고 장자長者를 업신여겼다. (삼연의 친구) 이희조가 매번 (그소리를) 들을 때마다 탄식을 금치 못했다. 그때는 나도 나이가 어린지라, 그 탄식이 옳다고 깨닫지 못했다. 요즈음 젊은이들에게 이 풍습은 날로 심해져, 농암과 삼연도 종종 희롱의 말을 당하고 있다. 그 폐단이 여기까지 흐르게 되었으니 이제서야 이희조의 말이 틀리지 않았다는 것을 깨닫겠다(조영석, 앞의 글).

농연의 학풍은 기존의 서인 학풍에 변화를 예고하고 있었다. 병자호란 이후 송시열을 비롯한 이들은 주자의 이념과 사회 사상을 그대로 따르는 것을 국가 운영의 원칙으로 내걸었다. 재건 시기의 교조주의는 전체를 통솔하는 나름의 효과가 있기도 했다. 하지만 교조주의는 사실 피해도 좋고, 택한다면 단기간일수록 좋다. 서인 역시 교조주의의 빛과 그림자를 동시에 안게 되었다. 의리논쟁과 사문시비를 통해 집권 주류가 되었지만, 상황이 변하자 기존 이념을 그대로 주장할 수도 버릴 수도 없는 딜레마에 봉착한 것이다. 농연이 자득을 강조한 것은 그 딜레마를 풀 수 있는 또 하나의 길이었다.

하지만 농연이 지닌 결정적 한계 또한 지적해야 한다. 현대인은 '자득'이란 말을 들으면 곧 자율성을 지닌 주체의 자유로운 해석과 사고의 개방성을 연상한다. 그러나 그들이 지향한 자득은 그것과는 거리가 멀었다. 그들은 정치 영역에서 결코 의리적 관점을 포기하지 않았으며 사문시비에 엄격했음을 기억해야 한다. 자득을 강조했던 그들이 남인이나 소론의 학풍에 신랄하게 비판한 것은 모순이었다. 상대방을 극단으로 몰아댄 농연의 행보는 다양한 가치의 공존을 체험한 현대인에겐 부정적이다. 그들의 모순된 행보를 어떻게 해석해야 하는가?

결국 그들의 지향이 어떠했는지는 그 시대에 맞춰 다시 생각해보아야 한다. 그들이 내건 자득自得은 주자의 종지를 벗어나자는 것이 아니라 풍부하게 완성하자는 것이었다. 그래서 형식화된 노론 학술계의 내용을 상황에 맞게 변통하자는 것이었다. 자득의 종점은 여전히 성리학적 가치로 귀착되었다. 진정한 자득이 아니고 방법만 달리했다고 혹평해도 사실 할 말은 없을 듯하다. 가치의 상대성을 인정하며 개방을 논하는 것은 후대에서나 나올 수 있는 일이었다. 아무튼 그 점에서 농연의 창신創新은 법고法古와 뗄 수 없었다. 법고를 벗어난다는 것은 척화 의리 가문에서 성장한 그들이 스스로 정체성을 부인하는 일일 것이므 로 결코 그 선을 넘을 수는 없었다.

'중화 조선'과 '조선 중화'의 갈림길에서

농연은 문예 방면에서 철학에 버금가는 성취를 이루었다. 김창협은 문文에서, 김창흡은 시詩에서 일가를 이루며 서울의 문단을 풍미했다. 철학에서 전대의 유산을 비판적으로 종합했던 것처럼, 그들은 문학에 서도 전대의 성과를 비판하면서 출발했다.

당시 조선의 문학을 대표한 사조는 이른바 의고주의擬古主義에서 자 극받은 고문부흥이었다(장유 편 참조). 농연의 선대 인물인 김상헌·김 수항 또한 그 흐름에 있었다. 농연은 그들이 고문부흥에 기여했음을 인 정했으나, 자신들의 세대에서 이를 또 답습하고 형식만 모방하는 풍조 가 횡행하자 다시 비판의 날을 세웠다.

사실 문풍이 형식화하면 이에 대한 반동으로 전범인 고문古文을 따르 자는 운동은 항상적으로 일어났다. 그 비판은 고문이 태동했을 무렵의 생생한 생명력을 부활하자는 결론으로 구멸되었다. 그렇다면 농연의 주장은 결국 기존의 고문부흥론자와 같은 것이 아닌가.

농연이 주장한 고문부흥운동의 논리 구조는 이전과 크게 다르지 않 다. 하지만 그들은 고문이 당대의 정서를 잘 반영했기에 영원한 생명력 을 지니게 된 것처럼, 자신들이 구사하는 고문은 '지금, 이곳'을 반영

〈행호관어杏湖觀漁〉(《경교명승첩》, 간송미술관 소장)의 일부. 진경문화의 전성을 실현한 정선의 그림에 사천 이병연이 쓴 제화시(왼쪽)가 어우러졌다.

해야 한다 하여 이전과 선을 그었다. 말하자면 그들의 문학에는 조선의 현실, 언어, 정감이 이전 어느 때보다 뚜렷하게 표현된 것이다. 그것은 철학에서 제창한 정신과도 같은 맥락이었다.

　문학에서 농연의 기획은 상황이 변화했기에 가능한 일이었다. 17세기 중반 이후 조선은 '주자의 이상대로'를 외쳤다. 중화의 정통을 이었던 명明이 망하고 유교 국가가 조선밖에 남지 않았다는 절박함에서, 조선의 지식인들은 주자가 제시한 문화적 중화를 실현하기 위해 노력했다. 당시 '주자의 이상대로'는 곧 '중화를 조선에'라는 의미였다. 그러나 상황은 변하고 있었다. 조선의 재건을 본 후배들은 자신감을 회복하며 긴장을 이완했다. 이제 '중화를 조선에' 라는 절박함보다는, '조선이 곧 중화' 라는 사고의 질적인 변화가 일어났다.

그동안 의리를 뿌리삼아 기반을 마련해 온 조선은 이제 문예를 꽃피울 차례였다. 농연이 주도한 새로운 문풍은 문학에만 머무르지 않고 새로운 문화적 분위기를 만들어내는 데 일조했다. '조선의 문물, 산천이 곧 중화' 라는 자부심에 기초해 문화가 꽃핀 것은 물론 농연만의 독점물은 아니었다. 조선의 어문, 역사, 지리 등에 대한 강조가 18세기 이후 쏟아져나왔던 것도 그런 흐름의 연장선이었다. 다만 농연을 중심한 그룹은 자신들이 물려받은 성리학의 원칙을 지키며 문예 방면에서 새로운 조류를 만드는 데 큰 족적을 남겼다. 그들 주변에서 성장한 이병연李秉淵과 정선鄭敾 같은 이들은 조선의 정서가 담긴 미학에 천착했고, 각기 시문과 미술에서 이른바 진경문화眞景文化의 전성全盛을 실현했다.

새로운 문화 바람의 발판

마지막으로 지적할 것은 철학과 문예를 아우르는 농연의 포괄적 기획이 지닌 한계 혹은 변화 가능성이다. 성리학과 그에 기반한 문예 이론을 전개했다는 점에서 그들의 이론은 거시이론에 속한다. 그 장점은 두루 포용한다는 데 있었다. 하지만 포용의 폭이 클수록 후대에서는, 요즘 식으로 표현하면 우파와 좌파 같은 갈림 또한 나타날 수 있었다. 철학에서는 김창협을 조술하는 우파적 경향이 있었는가 하면, 그들이 제시했던 변화 가능성을 더욱 강조하는 그룹도 나오게 되었다. 농연의

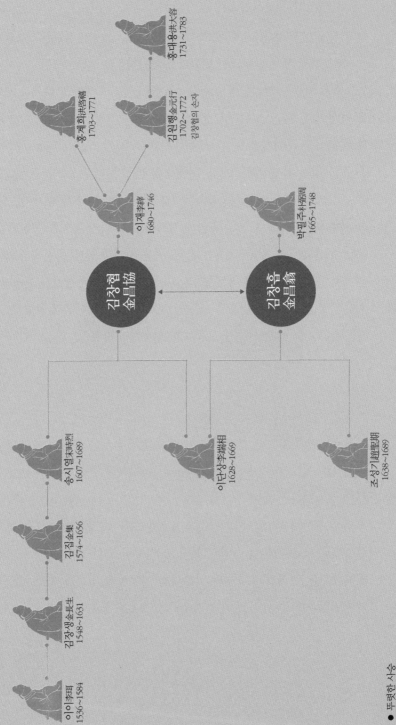

홍대용洪大容
1731~1783

홍계희洪啓禧
1703~1771

김원행金元行
1702~1772
김창협의 손자

이재李縡
1680~1746

박필주朴弼周
1665~1748

김창협
金昌協

김창흡
金昌翕

송시열宋時烈
1607~1689

김집金集
1574~1656

김장생金長生
1548~1631

이이李珥
1536~1584

이단상李端相
1628~1669

조성기趙聖期
1638~1689

● 투철한 사승
■ 간접적 영향
▲ 혈연관계

학문은 이재李縡를 거쳐 농연의 손자인 김원행金元行에게 흘러갔고 그들은 의리 전통을 더욱 강조했다. 그에 반해 김원행의 제자인 홍대용洪大容은 만물의 가치가 상대적이라는 혁신적인 사고를 전개했고, 청 문물의 수용을 주장해 북학파의 선구가 되었다.

문학에서도 마찬가지였다. 농연은 현실을 강조했지만, 특정 부면에 치우치지 않고 전체적으로 총괄하는 절충의 묘 역시 강조했다. 선배 문장가 장유처럼, 그들 또한 천기天機라는 개념을 천리天理와 생동하는 자연이란 의미로 두루 사용했다. 따라서 감성의 진솔한 표현을 강조하면서도 기품·학식·단련 등 사대부의 품격 또한 강조했다. 하지만 그들 문학관의 세례를 받은 중인 문학가들은 진솔한 감성을 더욱 드러내는 쪽으로 흘러갔다.

농연은 전 시대를 마감하고 새 시대를 예고하는 지점에 서 있었다. 당면한 정치 현실 앞에서 그들은 부친과 형제를 잃었고, 자신들 역시 상대방 붕당에게 좌절을 안겨주었다. 하지만 철학과 문예를 넘나들며 새로운 지향의 기운이 움틀 수 있는 여건을 마련했다. 그들이 제시한 자득自得과 창신創新의 논리 밑에서 서울 지역은 새로운 변화에 부응하는 논거를 마련할 수 있었으니 북학파, 중인문학, 진경眞景문화의 바람이 형성되었다. 하지만 정작 농연 형제의 자손인 안동 김씨는 기존 의리를 더욱 고수하는 쪽으로 흘러갔다. 그것은 척화의리로 성장한 가문이 가진 한계였다.

〈김삼연창흡〉(덴리 대학 소장).

17세기 조선   김장생·김집   김 육   장 유   송시열
지식인 지도

중화의식 ^{中華}

화이론華夷論은 세계를 문명인 중화中華와 야만인 이적夷狄으로 나누어보는 세계관이다. 화이론은 중국에 한족 중심 국가가 건설되면서 생겨났으나, 주변과의 교류를 확대되고 사고가 발달하면서 개념이 복잡해졌다. 특히 중화를 결정하는 요소를 혈연, 지역, 문화 중 무엇으로 보느냐에 따라 내용이 달라졌다.

그중 문화 중심 논리는 유교의 발흥과 더불어 시작되었다. 일찍이 공자는 "나는 구이九夷에 가서 살고 싶다. 군자가 사는 곳에 어찌 비루함이 있겠는 가"(《논어》 〈자한子罕〉 편)라고 말했는데 그것은 예악禮樂을 갖춘다면 이적도 중화가 될 수 있다는 논리였다. 그 논리는 다시 혈연상·지리상 중화가 될 수 없는 주변 민족이 유교문화 혹은 스스로의 문화를 자부할 수 있는 논리로 발전해 나갔다.

중화를 표방함은 우리나라에서도 전통이 유구했다. 고려 이래 '소중화小

中華를 칭하며 우리의 문화가 중국에 버금간다고 자부했다. 유교 국가를 표방한 조선에서 그 의식이 더 강해졌음은 말할 나위도 없다.

소중화 의식이 질적으로 비약한 계기는 병자호란과 명明의 멸망이었다. 유교 국가인 조선의 굴복과 명의 멸망은 조선의 지식인들에게 '유교의 명맥을 보위해야 한다'는 비상한 책임감을 안겨주었다. 그것은 춘추라는 난세에 태어나 유교를 창시해 바른 도리를 세웠던 공자, 금金나라에 중원을 빼앗긴 남송에 태어나 유학 정신을 다시 밝힌 주자의 실천을 계승하는 일이었다. 17세기 전반에 걸쳐 유교문화 곧 중화를 구현하기 위해 벌였던 수많은 주장과 논쟁은 본서에서 이제까지 본 바와 같다.

18세기에 접어들면서 그같은 사고에도 변화가 생겨났다. 가장 큰 변화는 조선이 중화문화를 실현했다는 자신감이 생긴 일이었다. 그 입장은 조금 더 나아가면 조선의 문화가 유교문화의 정수라는 자부로 발전했다. 조선의 국

토, 역사, 어문, 풍속, 예술 등이 독자적 의미를 지녔던 것으로 사고했고 조선의 고유함을 찾는 학풍, 문풍, 예술이 일세를 풍미했다.

이러한 사고에 대한 반성도 있었다. 17세기적 전통을 강조하는 측에서는 긴장의 이완이 가져온 기강의 해이를 우려했다. 그 입장을 한걸음 더 발전시킨 인물이 박지원이다. 그가 세속에 찌든 양반을 통해 북벌의 정신을 망각했음을 비판한 것은 17세기적 사고의 연장이었다. 한편 그는 청의 발전상을 애써 도외시하는 위선 또한 비판하여 북벌에서 북학으로 전환하는 논리를 마련했다.

사고의 전환을 촉구하는 진지한 비판도 있었다. 일부 유자들은 조선에 문화 기준을 적용해 중화가 될 수 있다면 청에겐 어찌 그 가능성이 없겠는가를 고민하고 있었다. 그 견해를 심화해 가장 날카로운 비판을 전개한 이는 홍대용이었다. 홍대용은 모든 사물의 상호 인식은 상대적임을 설파하며 자기 중심 논리를 벗어날 것을 촉구했다. 그것은 '중화' 조차도 상대적인 기준의 적용이며, 나아가 모든 사물, 문화는 나름의 가치를 지녔음을 강조하는 논리였다. 그 경종은 현대판 화이론 곧 문명과 야만의 도식, 타자에 대한 배척이 여전히 풍미하는 21세기에도 여전히 울리고 있다.

참고문헌

강경훈, 2002, 〈잠곡 김육가의 활자주조와 문헌생산〉, 문헌과해석 18.

고동환, 1998, 朝鮮後期 서울 商業發達史硏究, 지식산업사.

김세봉, 1994, 〈金集의 生涯와 政治思想〉, 동양고전연구 2.

김준석, 2001, 〈金堉의 安民經濟論과 大同法〉, 민족문화 24.

김준석, 2003, 朝鮮後期 政治思想史 硏究, 지식산업사.

김태년, 2002, 〈16세기 朝鮮 性理學者들의 陽明學 批判 硏究〉, 한국사상사학 19.

노관범, 2001, 〈韓國陽明學史 硏究의 反省的 考察〉, 한국사상과문화 11.

박광용, 1994, 〈朝鮮後期 '蕩平' 硏究〉, 서울대박사논문.

박병련 외, 2007, 잠곡 김육 연구, 태학사.

박희병, 1999, 한국의 생태사상, 돌베개.

배우성, 2001, 〈17세기 政策論議構造와 金堉의 社會經濟政策觀〉, 민족문화 24.

사계·신독재양선생기념사업회, 1991, 沙溪思想硏究.

사계·신독재양선생기념사업회, 1993, 愼獨齋思想硏究.

성당제, 2007, 약천 남구만 문학 연구, 한국학술정보.

신병주, 2000, 남명학파와 화담학파 연구 , 일지사.

오수창, 1985, 〈仁祖代 政治勢力의 動向〉, 한국사론 13.

우경섭, 2004, 〈潛谷 金堉(1580~1658)의 學風과 時勢 認識〉, 한국문화 33.

우경섭, 2005, 〈宋時烈의 世道政治思想 研究〉, 서울대박사논문.

우인수, 1999, 朝鮮後期 山林勢力 研究 , 일조각.

유봉학, 1995, 燕巖一派 北學思想 研究 , 일지사.

유봉학, 1998, 조선후기 학계와 지식인 , 신구문화사.

이경구, 2007, 조선후기 安東 金門 연구 , 일지사.

이봉규, 1998, 〈金長生·金集의 禮學과 元宗追崇論爭의 철학사적 의미〉, 한국사상사학 11.

이봉규, 2001, 〈유교적 질서의 재생산으로서 실학〉, 철학사상 12.

이성무·정만조 외, 1992, 朝鮮後期 黨爭의 綜合的 檢討 , 한국정신문화연구원.

이수미, 2002, 〈《咸興內外十景圖》에 보이는 17세기 實景山水畵의 構圖〉, 美術史學研究 233~
   234.

이승수, 1998, 三淵 金昌翕 研究 , 안동김씨삼연공파종중.

이영학 편, 2006, 17세기 한국지식인의 삶과 사상 , 한국외대 역사문화연구소.

이태진 편, 1986, 朝鮮時代 政治史의 再照明 , 범조사.

이화자, 2003, 〈17~18세기 越境문제를 둘러싼 朝·淸 교섭〉, 서울대박사논문.

장세호, 2006, 〈사계 김장생의 예학사상〉, 경인문화사.

정길수, 2006, 〈 天機論 의 문제〉, 한국문화 37.

정만조, 1999, 〈17세기 중반 漢黨의 정치활동과 國政運營論〉, 한국문화 23.

정연봉, 1990, 〈朝鮮前期 性情 論議와 張維의 天機論〉, 민족문화연구 23.

정옥자, 1988, 朝鮮後期 文化運動史, 일조각.

정옥자, 1991, 朝鮮後期知性史, 일지사.

정옥자, 1998, 조선후기 조선중화사상연구, 일지사.

정호훈, 2004, 朝鮮後期 政治思想 研究 , 혜안.

조성산, 2007, 조선후기 낙론계 학풍의 형성과 전개 , 지식산업사.

지두환, 1991, 〈谿谷 張維의 生涯와 思想: 朝鮮陽明學 성립과 관련하여〉, 태동고전연구 7.

한국사상사연구회, 2002, 조선유학의 개념들 , 예문서원.

한국사특강편찬위원회 편, 1990, 한국사특강 , 서울대출판부.

한국역사연구회 17세기정치사연구반, 2003, 조선중기 정치와 정책 , 아카넷.

한국역사연구회 19세기정치사연구반, 1990, 조선정치사 1800~1863 上下, 청년사.

한명기, 1999, 임진왜란과 한중관계 , 역사비평사.

한영우 외, 1999, 우리 옛지도와 그 아름다움 , 효형출판.

한영우 외, 2007, 다시, 실학이란 무엇인가 , 푸른역사.

한영우, 1989, 鄭道傳 思想의 硏究 , 서울대학교출판부.

한영우, 2003, 다시찾는 우리역사 , 경세원.

한영우, 2007, 실학의 선구자 이수광 , 경세원.

한우근, 1961·62 白湖 尹鑴 硏究 , 역사학보 15·16·19.

허태용, 2006, 〈朝鮮後期 中華繼承意識의 展開와 北方古代史認識의 强化〉, 고려대박사논문.

홍순민, 1986, 〈肅宗 初期의 政治構造와 換局〉, 한국사론 15.

찾아보기

17세기 조선 지식인 지도

⊙ 2009년 1월 19일 초판 1쇄 발행

⊙ 2019년 6월 19일 초판 5쇄 발행

⊙ 글쓴이   이경구

⊙ 펴낸이   박혜숙

⊙ 펴낸곳   도서출판 푸른역사

　우) 03044 서울시 종로구 자하문로8길 13

　전화: 02)720-8921(편집부) 02)720-8920(영업부)

　팩스: 02)720-9887

　전자우편: 2013history@naver.com

　등록: 1997년 2월 14일 제13-483호

ⓒ 이경구, 2019

ISBN   978-89-91510-85-2   03900